2017 东亚区域经济展望报告

亚洲金融危机20年回顾

东盟与中日韩宏观经济研究办公室（AMRO） 著

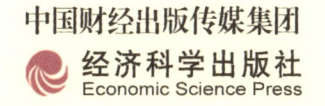

中国财经出版传媒集团
经济科学出版社
Economic Science Press

图字：01-2017-8117

图书在版编目（CIP）数据

2017东亚区域经济展望报告：亚洲金融危机20年回顾/东盟与中日韩宏观经济研究办公室著. 北京：经济科学出版社，2017.12

ISBN 978-7-5141-8762-5

Ⅰ．①2… Ⅱ．①东… Ⅲ．①区域经济-研究报告-东亚-2017②金融危机-研究-亚洲 Ⅳ．①F131②F833.15

中国版本图书馆CIP数据核字（2017）第294215号

责任编辑：孙怡虹　杨　洋
责任校对：刘　昕
责任印制：王世伟

2017东亚区域经济展望报告

亚洲金融危机20年回顾

东盟与中日韩宏观经济研究办公室　著

经济科学出版社出版、发行　新华书店经销

社址：北京市海淀区阜成路甲28号　邮编：100142

总编部电话：010-88191217　发行部电话：010-88191522

网址：www.esp.com.cn

电子邮件：esp@esp.com.cn

天猫网店：经济科学出版社旗舰店

网址：http://jjkxcbs.tmall.com

北京中科印刷有限公司印装

890×1240　16开　10.25印张　245000字

2017年12月第1版　2017年12月第1次印刷

ISBN 978-7-5141-8762-5　定价：78.00元

（图书出现印装问题，本社负责调换。电话：010-88191510）

（版权所有　侵权必究　举报电话：010-88191586

电子邮箱：dbts@esp.com.cn）

本报告由东盟与中日韩宏观经济研究办公室 (AMRO) 编写，为其成员经济体使用，已通过 AMRO 执行委员会审查。本报告的出版已获得 AMRO 执行委员会的批准，其任何解释或结论不一定代表 AMRO 成员经济体的观点。本报告对特定领土或地理区域的指定或引用，亦或对"成员"或"国家"这些术语的使用，AMRO 不作出任何关于领土或地区在法律或其他地位上的判断。

本报告的所有内容均不构成或被认为是对 AMRO 特有的权利和豁免权的限制或放弃。

除另有说明，本报告数据截至 2017 年 3 月 31 日。

© 2017 ASEAN+3 Macroeconomic Research Office

目录 CONTENTS

致谢 / 1

前言 / 3

报告重点 / 5

缩略语表 / 9

东亚区域宏观经济展望与挑战 / 1

一、全球背景及溢出效应对区域经济的影响 / 3

二、区域经济展望与挑战 / 27

三、政策讨论 / 44

四、附录：主要宏观经济指标（预测数据为2017年3月估算）/ 48

专题报告：亚洲金融危机20年回顾 / 51

一、1997~2006年：重塑基础 / 53

二、2007~2016年：再平衡与利用区域一体化 / 63

三、2017年：在全球化经济中重建与增长 / 77

附录1 基于全球向量自回归（GVAR）模型的溢出效应研究 / 81

1.0 引言和文献回顾 / 83

2.0 模型估计与检验 / 85

附录2　近期东亚经济形势 / 91

文莱 / 93

柬埔寨 / 97

中国 / 101

中国香港 / 105

印度尼西亚 / 109

日本 / 113

韩国 / 116

老挝 / 120

马来西亚 / 123

缅甸 / 126

菲律宾 / 130

新加坡 / 134

泰国 / 138

越南 / 142

参考文献 / 146

致谢

《2017东亚区域经济展望报告》中所提供的评估是AMRO对东盟与中日韩地区（以下简称"本地区"或"该地区"），包括中国（含中国香港地区）、日本、韩国以及东盟——印度尼西亚、马来西亚、新加坡、泰国、菲律宾、文莱、老挝、柬埔寨、缅甸和越南经济发展和风险进行持续监测的一部分。报告主要是对近期本地区经济发展和前景、本地区经济与全球经济的关系以及金融市场之间的内在联系进行全面评估。这些工作主要通过AMRO监测部门的分析以及对各成员经济体的磋商来完成。

本报告是在AMRO主任常军红博士和首席经济学家Hoe Ee Khor博士的指导下，由AMRO地区和金融监测小组在Chuin Hwei Ng女士带领下起草的。

"东亚区域宏观经济展望与挑战"的主笔是Anthony CK Tan先生，Siti Athirah Ali女士和Edmond CY Choo先生参与了本部分的撰写。该团队与日本成蹊大学Tomoo Inoue教授合作，并在Chaipat Poonpatpibul博士的建议下，利用全球向量自回归模型（GVAR，Global Vector Autoregressive）分析了溢出效应。

"亚洲金融危机20年回顾"是本报告的专题研究。在亚洲金融危机发生20年后，我们对本地区经济体的经济结构和宏观政策框架的发展进行了详细探讨。这部分的研究是在Chuin Hwei Ng女士带领下，由Jinho Choi博士、Edmond CY Choo先生以及Vanne Khut女士共同完成的。

本报告也得益于AMRO监测部门工作人员的投入和建议，他们是：Seung Hyun（Luke）Hong博士、Sumio Ishikawa博士、Jae Young Lee博士、Chaipat Poonpatpibul博士、Abdurohman博士、Paolo Hernando先生、黄贤国博士、Pum Huot博士、Akhis R. Hutabarat博士、Yoichi Kadogawa先生、Hyunjung Joseph Kim博士、李文龙博士、刘心一博士、Ruperto PagauraMajuca博士、Thi Kim Cuc Nguyen博士、唐新科先生、Enrico Tanuwidjaja先生、Jade Vichyanond博士、Wanwisa Vorranikulkij女士，以及AMRO的其他同事。

该报告还受益于Bandid Nijathaworn博士为组长的AMRO顾问组以及受邀参加报告研讨会的与会者的建议。本报告作者还对出席2017年3月1日在马尼拉举行的AMRO-IMF研讨会的与会者提供的富有洞见的评论与反馈表示感谢。毋庸置疑，本报告中所表达的观点仅为AMRO工作人员的观点，并不涉及各AMRO成员经济体。

本报告中文版翻译工作由中国人民大学国际货币研究所副所长涂永红教授组织完成，参与翻译工作的主要人员是中国人民大学国际货币研究所学术委员（原国家外汇管理局副局长）魏本华先生、中央财经大学统计学院苏治教授以及中国人民大学财政金融学院白宗宸、李胜男、周梓楠、刁璐、胡鑫、原鹏。

前言

很高兴由我来介绍AMRO旗舰报告的创刊号《2017东亚区域经济展望报告》（简称AREO），这是AMRO地区监测工作的年度出版物，涵盖了本地区经济展望和当前的热点专题。该报告的出版是AMRO于2016年2月升级为国际组织以来一个里程碑意义的事件。AMRO的使命是通过开展本地区经济监测和实施"清迈倡议多边化（CMIM）协议"，为本地区宏观经济和金融稳定做出贡献。

进入2017年，东亚地区经济表现出惊人的韧性。在第一部分"东亚区域宏观经济展望与挑战"中，我们指出，2016年本地区经济整体增长了5.3%。如果排除尾部风险，在通货膨胀（以下简称"通胀"）可控的情况下，我们预计2017年的经济增长率为5.2%。本地区两个最大的经济体——中国和日本的经济增长放缓并保持稳定。相对于其他新兴市场，韩国和东盟地区新兴市场经济体较好地应对了全球金融市场的波动。同时，东盟地区的发展中经济体增长依然强劲，逐步在缩小与本地区新兴市场经济体之间的差距。

与此同时，本地区乃至全球都面临着严重的政策不确定性风险。美国贸易保护主义抬头的威胁将持续地对本地区的出口造成影响。收紧的全球金融环境压缩了货币政策的操作空间，尽管财政政策可以发挥较大作用，但这也具体取决于每个经济体的财政空间。如今，经济增长与金融稳定之间的平衡已经变得更加微妙。我们认为，在这样一个不确定的全球环境中，政策制定者的明智之举是将金融稳定放在首位。政策制定者应继续使用包括宏观审慎政策在内的一整套政策工具，并推进结构性改革。

《2017东亚区域经济展望报告》的第二部分是一个专题研究。在本期创刊号中，我们选择了"亚洲金融危机20年回顾"这样一个题目。亚洲金融危机是一个标志性事件，它突显了在危机管理和处置中对区域金融合作的迫切需求，为此本地区在2000年建立了"清迈倡议"，随后发展为"清迈倡议多边化协议"，并创立了AMRO开展宏观经济监测，以支持这一进程。

虽然研究这个专题的角度很多，但我们的报告更关注本地区的政策制定者是如何在亚洲金融危机之后重建经济增长的缓冲机制和政策基础。也正是这些努力措施使他们成功度过了之后发生的全球金融危机。这些措施包括制定更稳健的货币政策框架来抵御外部冲击；进行金融、财政和结构性改革；采取恰当的宏观审慎措施以增强金融市场的韧性。这些更加积极的政策框架使得本地区得以保持对资本流入的开放（全球金融危机爆发后本地区的资本流入激增），并从依赖外需转向内需。由于本地区保持了对贸易和资本流动的开放，使我们能够从不断增长的区域贸易和投资一体化浪潮中获益。由于清醒地认识到资本流动波动性的加剧和不稳定的影响，东盟与中日韩成员们共同建立了一个地区安全网并通过加强宏观经济监测来对此进行支持。这一地区安全网与各成员加强其国内政策框架及提高风险缓冲能力的努力一起，将提高成员们应对冲击的韧性，并使其保持相对强劲的经济增长。

Hoe Ee Khor

AMRO首席经济学家

报告重点

东亚区域宏观经济展望与挑战

尽管东亚地区经济在2016年经受住了外部冲击，但全球政策的不确定性显著上升，特别是随着贸易保护主义情绪的高涨，全球贸易前景不容乐观。全球金融市场仍旧动荡，并对本地区新兴市场经济体产生溢出效应。

全球主要经济体的潜在增长势头正在逐步改善，但经济复苏很容易受到政策不确定性的影响。美国方面，更严格的贸易和移民政策可能会抑制经济增长，但特朗普政府促进经济增长的议程也给美国经济带来了上升潜力。欧盟方面，欧元区和英国的增长势头强于预期，但在欧元区主要国家的选举以及英国退欧谈判之前，笔者对其经济前景持谨慎态度。

全球政策不确定性对本地区的溢出效应通过贸易和金融渠道共同发挥作用。贸易方面，全球贸易复苏和大宗商品价格回升的迹象令人鼓舞，但这些复苏正受到来自特朗普政府贸易保护主义倾向的威胁。特别是对于那些与美国有着大量双边贸易顺差的本地区经济体，更容易受到贸易保护主义的威胁。金融市场方面，全球金融环境正在收紧，美联储正在逐步加息，政策不确定性可能会加剧金融市场波动，这也使得新兴市场面临着资本外流风险。

预计2017年中国和日本将保持稳定的经济增长，但美国贸易保护主义的抬头将带来下行风险。中日两国的经济增长将很大程度上决定本地区的整体经济增长，预计2017年和2018年，本地区增长率将略放缓至5.2%和5.1%左右。

中国的生产者价格最近大幅上涨，从短期看，中国经济在目前推进的结构性调整中呈现稳定增长的迹象。中国经济的稳定增长将继续锚定本地区的经济增长，中国也已成为本地区其他经济体的重要出口市场。展望未来，中国经济面临的主要任务包括加快国有企业改革步伐、持续削减过剩产能、控制企业债务及遏制金融稳定风险。

预计日本经济在2017年将保持强劲增长，高于潜在增长率。这得益于其宏观经济政策和外部需求的支撑。随着美国国债收益率相对于日本国债收益率的上升以及其他结构性因素，日本向本地区的投资预计将持续增长。

AMRO通过全球向量自回归模型（GVAR）的实证研究比较了来自美国、中国和日本溢出效应的影响。研究表明，来自美国和中国的实体经济冲击比来自日本的冲击对本地区出口有更加显著的影响，且来自中国的影响比美国的更持久。源自美国、中国和日本的企业压力也对本地区新兴市场中企业部门和金融市场产生压力。

在贸易前景不明朗的情况下，本地区的经济增长将继续主要由国内需求拉动，货币政策和财政政策也将支持经济增长。本地区各经济体的外汇储备缓冲仍然比较充足。然而，与2016年相比，使用货币政策和财政政策的空间普遍收窄。

当前，以传统进口和短期外债覆盖率等常规指标来衡量，本地区外汇储备缓冲能力较强，但当局应继续保持较强的缓冲能力，因为如果外国投资者突然抛售其持有的本币资产以及由于"风险规避"导致资本外流，都将可能给汇率和外汇储备带来更多压力。此外，提高汇率灵活性并配合审慎干预放缓调整的速度，也是应对外部冲击风险的合理对策。

在货币政策方面，与2016年相比，2017年在通胀上升和全球货币紧缩的环境下，本地区经济体通过继续放松货币政策以支持经济增长的空间将收窄。那些由于高信贷增长或外债较高而累积了大量金融脆弱性的经济体，将在保持宽松的货币政策以支持经济增长和维护金融稳定之间进行艰难的权衡取舍。

在此情况下，财政政策应发挥更大的作用，以减轻实体经济面临的下行风险。但财政政策的空间也已普遍缩小，而且对于某些经济体来说，财政政策还受到财政法规的限制。那些公共债务较低、外部状况良好的本地区经济体可以考虑保持适度的财政扩张。而那些经常账户和财政收支都依赖于外部融资（"双赤字"）的经济体在实施扩张性的财政政策时将面临更多的约束。

在当前不确定的全球环境中寻求增长与稳定之间的平衡，政策制定者的明智之举是将金融稳定放在首位。在货币政策受到限制的情况下，本地区的政策制定者可能会考虑重新调整其宏观审慎政策措施，以维护金融稳定和促进经济增长。当前调控需求层面的政策空间有限，政策制定者应重点加快结构性改革。

专题报告：亚洲金融危机20年回顾

2017年距亚洲金融危机爆发已经过去整整20年。作为本地区经济发展历史上的标志性事件，它深深影响了之后区域经济增长及一体化的基础和进程，同时也深远地影响了政策制定者们对危机管理和处置方案的看法。更重要的是，亚洲金融危机突显了在危机管理和处置上区域金融合作的迫切性和必要性。为此，在东盟与中日韩财长会议上诞生了"清迈倡议"，随后又扩展为"清迈倡议多边化协议"，以及成立了独立的宏观经济监测机构——东盟与中日韩宏观经济研究办公室（AMRO），为清迈倡议多边化提供支持。

亚洲金融危机后的第一个十年（1997~2006年），东亚经历了剧烈负面冲击之后的经济调整，同时也为经济增长重新奠定基本面。这一时期的复苏之路是各国对汇率制度、企业和金融部门进行改革、整顿财政以及改革审慎监管，实施了根本性和痛苦的政策调整。得益于这些政策调整，加之出口复苏，东亚经济得以恢复并重构了增长的基础。

亚洲金融危机后东盟及中日韩地区对贸易、外国直接投资和资本流动保持开放政策，使得本地区尤其是东盟发展中经济体可以在全球金融危机爆发后的十年里受益于区域经济一体化增长，也受益于来自中国的区域贸易和跨国直接投资。即便来自美国和欧元区等发达经济体的外部需求突然停止增长，东亚国家仍然继续受益于经济一体化和中国经济的增长。区域内跨国融资流动也有所增加，日本继续在本地区充当主要贷款人和投资者的角色。

在美国和欧元区实施大规模货币政策刺激的背景下,区域间的融资流动有所增加。这有利于本地区从出口导向到内需拉动的再平衡进程。然而,大规模的持续的资本流入,增加了资本流入国的金融脆弱性,加剧了金融市场的波动,增加了货币政策管理的复杂程度。为了管控金融稳定风险,同时又能从资本流入中获益,本地区的政策制定者运用了宏观审慎措施,这在全球范围内是最为积极的。

在当前不确定的全球环境中,亚洲金融危机继续为政策制定者提供着宝贵的经验。首先,亚洲金融危机提醒本地区经济体将政策重点放在金融市场和资本外流所带来的风险上。其次,亚洲金融危机凸显了危机在经济体之间传染的速度和影响。最后,亚洲金融危机还强调了在各国国内建立更加灵活和积极的政策框架,以及在地区间加强金融合作以应对外部冲击的必要性。

当前的全球政策不确定性(包括非经济事件的不确定性)要求政策制定者保持现有政策纪律,并灵活应对迅速变化的国际环境,协调各政府机构,并确保政策意图良好地传达到市场。除了这些短期挑战之外,本地区还面临着被视为增长"瓶颈"的结构性挑战。它不仅体现在基础设施方面,而且体现在人力资本方面。这些挑战在经济增长放缓的情况下愈加突出。因此,加快结构性改革以提高效率显得更加紧迫。

在当前全球环境下,全球和地区金融安全网(如"清迈倡议多边化协议")在增加经济缓冲以应对外部冲击和风险传染方面发挥的作用愈加重要。政策制定者对区域金融合作的承诺将有助于稳定市场预期,为本地区的持续增长和发展提供坚实的政策基础。

缩略语表

ADB	亚洲开发银行	LCY	本国货币
AEs	发达经济体	MAS	新加坡金融管理局
AFC	亚洲金融危机	NAFTA	北美自由贸易协定
BIS	国际清算银行	NEER	名义有效汇率
BOJ	日本银行	NFC	非金融企业
BOT	泰国银行	REER	实际有效汇率
CPI	消费者物价指数	ODA	官方开发援助
DBU	本地货币单位（新加坡）	OECD	经济合作与发展组织
DXY	美元指数	OPEC	石油输出国组织
EMs	新兴市场	OTC	场外交易
EIA	美国能源信息署	PBC	中国人民银行
ECB	欧洲中央银行	PCE	个人消费开支
EDF	预期违约频率	PMI	采购经理指数
EPFR	新兴市场投资基金研究公司	RBA	澳大利亚储备银行
FCY	外币	SGP	稳定与增长公约
FDI	外国直接投资	SITC	国际贸易标准分类
Fed	美联储	SOEs	国有企业
FOMC	联邦公开市场委员会	UMP	非常规货币政策
FX	外汇	UNCTAD	联合国贸易与发展会议
G3	美国、欧元区和日本	VAT	增值税
GDP	国内生产总值	WEO	国际货币基金组织的《世界经济展望》
GFC	全球金融危机		
GFCF	固定资本形成总额	WTO	世界贸易组织
GNI	国民总收入		
GST	商品及服务税	3MMA	3个月移动平均值
GVC	全球价值链	4wma	4周移动平均值
HH	家庭	bps	基点
HICP	消费价格调和指数	EBITDA	息税折旧摊销前利润
ICR	利息备付率	FY	财年
IEA	国际能源署	mom	月度环比增长
IIF	国际金融协会	PPP	购买力平价
ILO	国际劳工组织	qoq	季度环比增长
IMF	国际货币基金组织	SA	季节性调整

s.w.d.a.	季节性和工作日调整	BR	巴西
SAAR	季节性调整年化率	DE	德国
yoy	年同比	EE	爱沙尼亚
YtD	年初至今	ES	西班牙
		EU	欧盟
ASEAN	东南亚国家联盟	FI	芬兰
ASEAN（ex-SG）	东盟（不包括新加坡）	FR	法国
ASEAN+2	东盟与中国（包括中国香港地区）、韩国	IT	意大利
		MX	墨西哥
ASEAN+3	东盟与中国（包括中国香港地区）、日本、韩国	NL	荷兰
		PT	葡萄牙
ASEAN-4	东盟四国（马来西亚、泰国、印度尼西亚、菲律宾）	RU	俄罗斯
		SK	斯洛伐克
ASEAN-5	东盟五国（马来西亚、泰国、印度尼西亚、菲律宾、越南）	SP	西班牙
		TR	土耳其
ASEAN-6	东盟六国（马来西亚、泰国、印度尼西亚、菲律宾、越南、新加坡）	U.K.	英国
		U.S.	美国
		ZA	南非
BCLM	文莱、柬埔寨、老挝、缅甸	AUD	澳元
BRICS / LatAM	金砖国家/拉丁非洲	BND	文莱元
CLMV	柬埔寨、老挝、缅甸、越南	BRL	巴西雷亚尔
Plus-3	+3（中国、日本、韩国）	CHF	瑞士法郎
BN	文莱达鲁萨兰国	EUR	欧元
CN	中国	GBP	英镑
HK	中国香港	HKD	港元
ID	印度尼西亚	IDR	印度尼西亚盾
JP	日本	JPY	日元
KH	柬埔寨	KHR	柬埔寨瑞尔
KR	韩国	KRW	韩元
LA，Lao PDR	老挝人民民主共和国	MXN	墨西哥比索
MM	缅甸	MYR	马来西亚林吉特
MY	马来西亚	PHP	菲律宾比索
PH	菲律宾	RMB	人民币
SG	新加坡	RUB	俄罗斯卢布
TH	泰国	SGD	新加坡元
VN	越南	THB	泰铢
		TRY	土耳其里拉
AT	奥地利	USD	美元
CY	塞浦路斯	VND	越南盾
BE	比利时	ZAR	南非兰特

2017 东亚区域经济展望报告 | 亚洲金融危机20年回顾
ASEAN+3 REGIONAL ECONOMIC OUTLOOK 2017

ASEAN+3 Region:
20 Years after the Asian Finanicial Crisis

东亚区域宏观经济展望与挑战

2017

一、全球背景及溢出效应对区域经济的影响

> 2017年全球经济增长将在美国经济复苏的带动下温和上升，但受特朗普政府影响，政策不稳定性显著增加，特别是在全球贸易领域。全球金融市场还将持续动荡，新兴市场面临资本外流的风险。

全球主要经济体的潜在增长动力正逐渐改善，但这种复苏易受到政策不确定性的影响。在美国和欧元区稳定的消费支出和企业投资改善的引领下，主要发达经济体增长进入2017年有了一个很好的开端，延续了2016年第四季度的增长趋势，国内需求表现强劲。尽管存在与脱欧有关的担忧，英国经济增长动力在2016年第四季度仍有所加速，并超出了市场的预期，主要增长动力体现在强劲的消费支出上，受益于"大宗商品"价格上升，新兴市场经济体（尤其是大宗商品出口国）的增长有所加快，但考虑到美国利率上行周期和强势美元，我们对这些国家的前景展望仍然保持谨慎。在美国及主要商品出口经济体的带动下，预计2017年全球经济增速将略高于2016年（均值预测[1]是3.2%，见图1.1）。因此，相对于2016年底的预测值，我们目前对2017~2018年全球经济增长的预测值略有上调（见图1.2）。但是，对全球一体化和贸易自由化的不满情绪以及潜在的地缘政治紧张局势将减缓全球经济增长态势。

图1.1 2017年全球经济增速预计略高于2016年

资料来源：彭博（Bloomberg），截至2017年3月31日。

---

[1] 源自彭博（Bloomberg）的一致性均值预测。

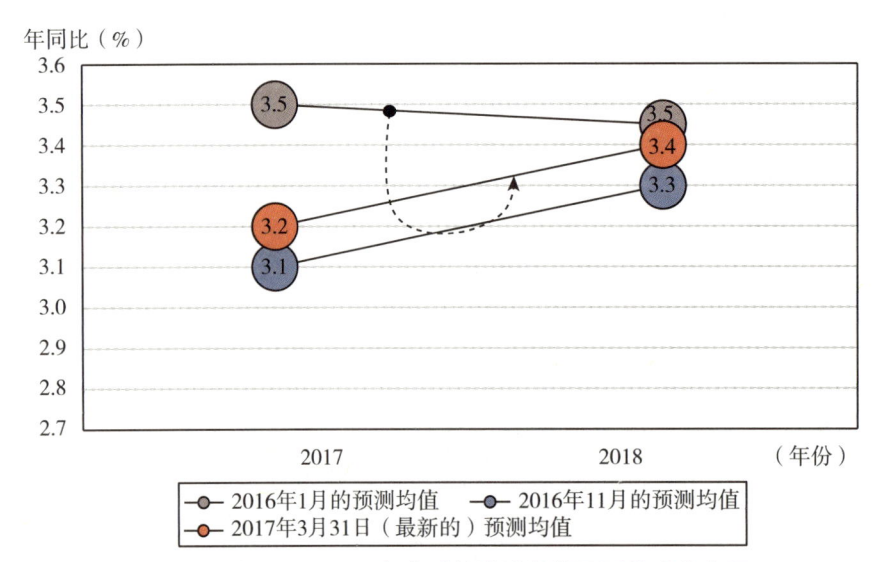

图 1.2　对 2017~2018 年全球经济增长的预测值略有上调

资料来源：彭博的一致性均值预测。

尽管美国更具限制性的贸易和移民政策可能会抑制经济增长，但特朗普政府促增长政策及放松金融监管的举措为经济带来额外增长潜力。2016 年 1 月以来美国的就业平均每月以接近 20 万个岗位的数量持续增长，同时失业率也有所降低，美国经济的基本面正日益改善。展望未来，特朗普的财政扩张和减税计划将会刺激美国经济复苏，预计企业支出将增加，这将促进增长和提高通胀。然而，美国可能对其现有的贸易协定（如北美自由贸易协定）以及其他贸易协议进行审查，这可能会导致一个更具限制性的贸易环境。再加上对移民政策的收紧，这些因素共同产生了一定的回溢效应，影响了美国经济增长的前景。综合来看，美国经济复苏发展轨迹仍不明朗。

在欧洲，欧元区和英国的经济增长动力一直强于预期，但我们对其经济展望是谨慎的。这是由于其未来政策不确定性可能会抑制经济增长，并且一些主要的欧元区银行对不良贷款问题的解决依旧缓慢。最近的综合采购经理人指数显示出欧元区增长强劲（主要来自德国，部分来自法国），这支撑了周期性的复苏（见图 1.3）。在较高的油价基础上，标题通货膨胀率[2]也开始呈上涨趋势。但是，由于荷兰、意大利和法国在 2017 年上半年以及德国在 2017 年下半年都将各自迎来全国大选，其政策不确定性使得欧洲的前景蒙上了一层阴云。类似的还有英国，虽然产出反弹，但考虑到"硬脱欧"的可能性及其对英国出口的影响，我们对其 2017 年的展望相对更加谨慎。同时，由于银行部门不良贷款问题解决得非常缓慢，市场仍然对一些欧洲银行财务状况表示担忧[3]。特别是在意大

---

[2]　标题通货膨胀率（headline inflation）是指涵盖所有 CPI 篮子项目的通胀指标，即是一种对通胀整体及全面的衡量。

[3]　对于不良贷款，欧洲央行坏账工作小组预计将于 2017 年春向各银行发布最终的指导意见。此前该小组已在 2016 年首次发布过指导意见草案，并经历广泛的公共磋商过程和公共听证会。参见 2017 年 2 月 15 日的监管资讯（2017 年冬）上发表的对爱尔兰央行副行长兼欧洲央行坏账工作小组负责人 Sharon Donnery 的访谈。

利，市场对该国深陷困境的银行部门仍然不安，这增加了欧元区的紧张情绪。

图1.3 主要发达经济体综合经理人采购指数在进入
2017年时走高（特别是在欧元区）

资料来源：Markit。

全球需求有所改善，但我们对于全球贸易的展望却仍然谨慎。目前全球贸易有所好转，但未来一段时期内不断加剧的保护主义又可能会使其恶化。世界贸易组织（WTO）全球贸易景气指数（一组综合的贸易指标，其中包括出口订单、航空运费、集装箱吞吐量等）显示2016年全球贸易量的增速持续下降（见图1.4）。令人鼓舞的是近期全球贸易活动有所上升，但是由于有迹象表明美国试图从多边贸易模式转向双边贸易模式，这种复苏的可持续仍不确定。目前美国正在酝酿的边境调节税倡议[4]可能也会从根本上改变全球价值链的构成。全球金融危机后全球贸易量对全球产出变化的弹性也有所下降。这表明尽管全球经济增长有所回暖，一些结构性因素却可能限制了全球贸易复苏的程度（见图1.5）[5]。

---

[4] 美国发起的边境调节税实际上是对美国出口进行的补贴和美国进口征收的关税。它是一种基于倡议目的地边境可调节的国际公司消费税体系，在这个体系中征税"适用于所有在国内的消费减去本国生产的任何产品或服务但在其他地方的消费"。（Pomerleau, K. and Entin, S-J., "The House GOP's Destination-Based Cash Flow Tax, Explained", Tax Foundation, 2016.）

[5] 经济学文献提出了影响贸易发展下降的一些可能因素。在需求方面，首先是固定资产投资随全球经济周期下行而减少。这类涉及全球价值链垂直分工并通常会引起全球贸易更加活跃的资本品投资仍旧疲软。在供给方面，由于国内企业在为下游生产活动提供所需的中间商品和零部件时变得更加有成本效益，随着供应链的缩短将出现结构性的迁移。其他因素如近年来的互联网商业和服务贸易。

图1.4 尽管全球贸易近期回暖，但这种复苏能否持续还不确定

注：数值100代表中期趋势线，大于100表明增长趋势，小于100则相反。方向变化反映了相比前一个月的动能。图中对比了全球贸易景气指数的历史数值与实际商品贸易数据。当全球贸易景气指数（蓝线）在商品贸易指数（红线）上方时，贸易总量增长有加速趋势。当全球贸易景气指数在商品贸易指数下方时，贸易总量增长有减速趋势。

资料来源：WTO。

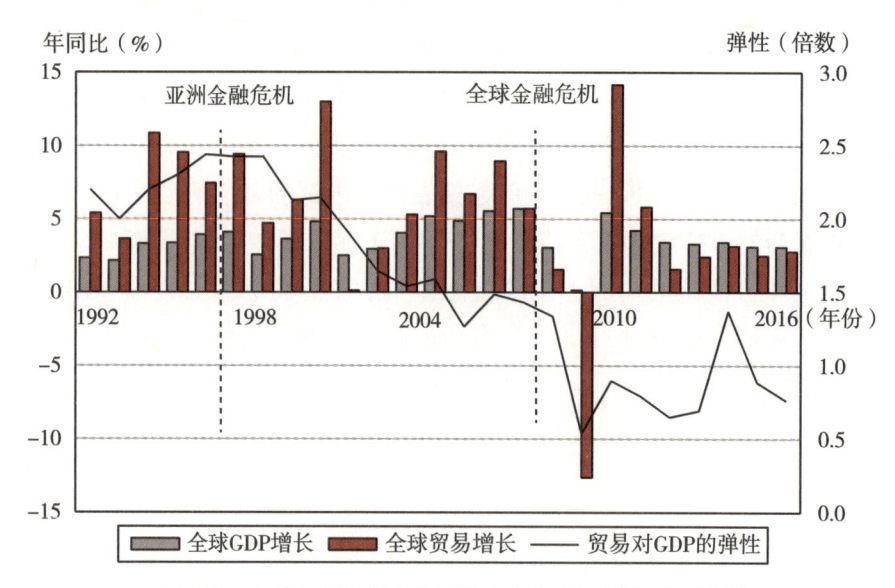

图1.5 全球贸易（量）对全球产出变化的弹性有所下降

资料来源：IMF和CPB。

对大宗商品进口国而言，大宗商品价格上涨可能会导致新一轮的通胀压力，但这恰恰在一定程度上缓解了新兴市场大宗商品出口国的困境。自2016年1月价格跌到底点后，能源类和非能源类商品价格都有所回升（见图1.6）。鉴于2017~2018年预计有大量的全球石油库存储备，近期石油期货合约表明石油价格上涨将是缓慢的（见图1.7）。OPEC每日削减3 250万桶原油产量的协议部分可被包括美国在内的非OPEC成员国石油生产抵销。

指数：2009年1月1日=100　　　　　　　　　指数：2009年1月1日=100

图1.6　主要商品价格已经恢复，但仍低于2014年的水平

注：彭博商品价格指数（BCOM）由22个交易所对20种实物商品的期货价格组成，这些价格根据经济重要性和市场流动性被赋予不同的权重。20种实物商品包括布伦特原油、玉米、黄金、天然气、大豆，以及WTI原油等（数据截至2017年3月31日）。

资料来源：彭博。

图1.7　2017~2018年，全球石油库存因素可能会限制石油价格激增

资料来源：IEA。

关于特朗普政府实施财政刺激的预期使人们重新开始担忧通胀，这可能加快美联储加息的步伐。核心个人消费支出（PCE）通胀率是美联储偏好的潜在价格趋势测量指标，该指标正在逐步接近美联储设定的2%目标，而市场通胀预期在特朗普竞选总统胜利后将激增（见图1.8），因为美国经济中劳动力市场相对紧张，特朗普政府财政刺激计划会加剧通胀的压力。美联储自2016年12月将联邦基准利率提高25个基点之后，又在2017年3月再次上调了25个基点，达到0.75%~1.00%。其原因是经济稳定增长和就业强劲，这使得美联储确信通胀已经上升至其目标区间。展望未来，加息步伐将取决于美国经济发展前景[6]。新兴市场的资本流动对美联储加息的市场预期非常敏感，如

---

[6] 2017年3月联邦公开市场委员会会议上，美联储官员们维持他们对2017年再有两次加息以及2018年三次加息的展望。

果美联储加息的信息没有被市场消化，新兴市场就可能会出现大规模的资本流出以及汇率贬值（见图1.9）。

图1.8 美国通胀预期在特朗普大选获胜后激增

注：（紫线）5年期通胀掉期利率是一种央行和交易者常用的工具，以此来观察市场上的未来通胀预期。
资料来源：彭博。

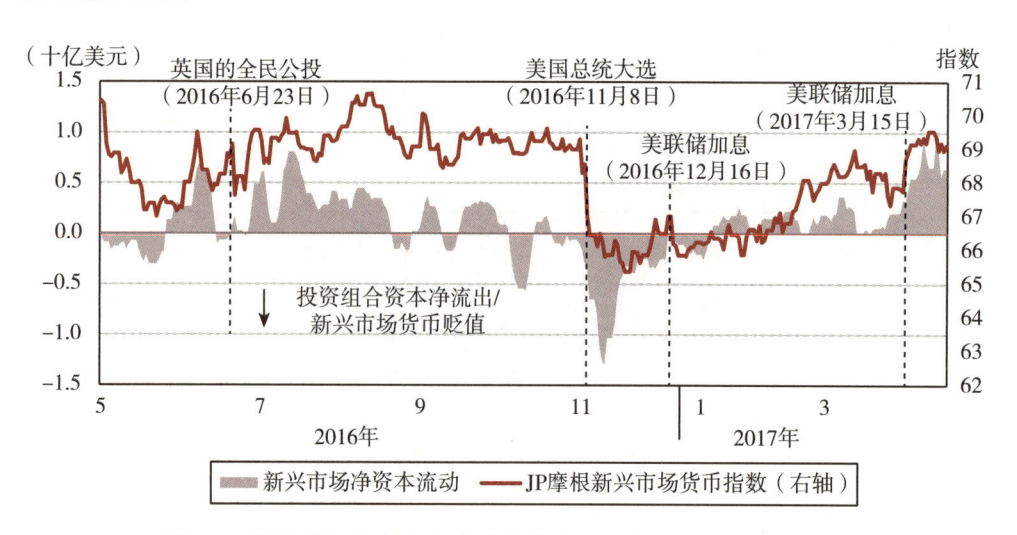

图1.9 新兴市场净资本流动对美联储加息的市场预期非常敏感

资料来源：IIF、JPM。

来自新兴市场的资本外流以及货币贬值的超调风险使得全球金融市场仍将十分动荡，这些风险主要源自世界各国货币政策的分歧、风险规避以及资产再平衡。在美国国债收益率趋于上升的情况下，投资者资产组合的配置也从新兴市场资产转向美国的股权投资。特朗普政府的促进增长政策增加了市场对美国政府债务水平上升的担忧[7]，

---

[7] 尽管财政刺激计划还不明朗，但特朗普承诺在他任期内要降低个人所得税以及公司税，同时增加借款。基于税收政策中心的预测，特朗普的联邦预算提议将带来预计6.2万亿美元的联邦收入减少以及7.2万亿美元的联邦债务增加。在基础设施领域，特朗普承诺增加5 500亿美元（占美国GDP总量的3%）的开支。

导致了对美国主权债务风险的重新定价。主要主权债券市场的借贷成本也随之升高。图1.10显示了10年期德国债券收益率在美国大选后上涨，同时10年期日本政府债券收益率尽管仍接近于零，但也略有上涨（在收益率曲线控制的量化宽松政策下，日本央行的目标之一是将10年期日本政府债券收益率设定在零附近）。鉴于美国宏观经济前景更加向好以及美国国债利率升高，市场已出现新兴市场资产向美元资产（特别是美国股票资产）转换的趋势。与此同时，新兴市场货币和日元在2016年11月特朗普当选之后走弱。但自2017年开始，随着风险规避需求的减弱和资本重新回流到新兴市场经济体中，这些货币又有所走强（见图1.11）。

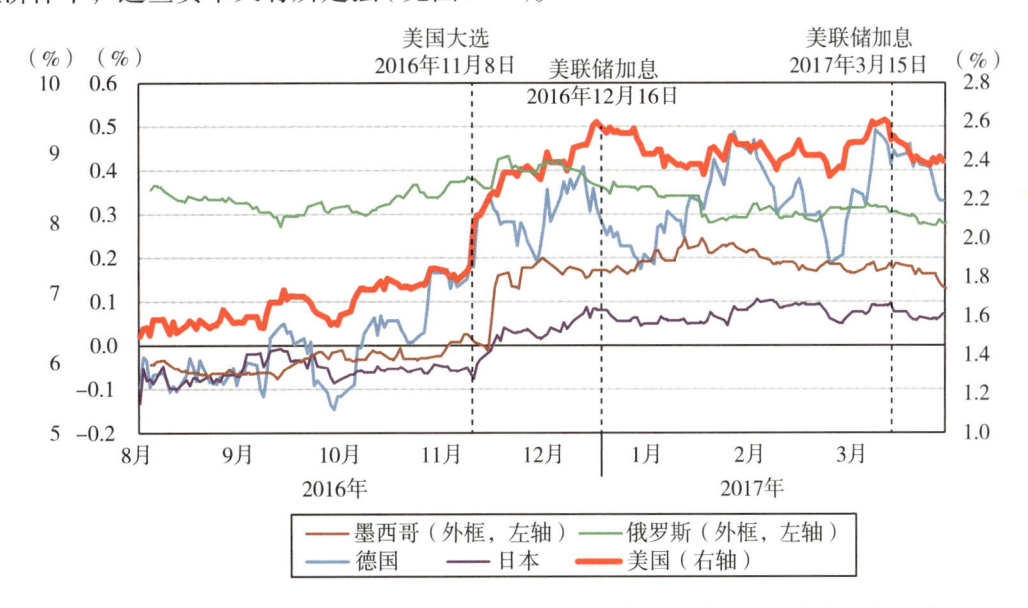

图1.10 特朗普当选后，发达经济体和新兴经济体10年期主权债券收益率上升

资料来源：Datastream。

图1.11 新兴市场货币和日元在2016年11月特朗普当选后走弱，但自2017年开始有所走强

资料来源：彭博。

> 2017年中国和日本经济增长有望保持稳定,但美国贸易保护主义的抬头会带来下行风险。

在不断推进结构性调整过程中,短期内中国经济表现稳定,同时近期生产价格快速上升。2016年第四季度GDP同比增长6.8%,略高于前三个季度的增速(见图1.12),使全年增长率达到6.7%。在需求方面,增长主要由消费和基础设施的支出驱动,但私人投资与出口的放缓拉低了增长。在供给方面,增长动力来自房地产和汽车部门。展望未来,削减过剩工业产能将继续对经济增长产生温和的影响。由于大宗商品价格在去产能和投机的背景下上升,2016年9月以来生产价格指数(PPI)重返正区间。[8]

图1.12 中国房地产市场反弹消费以及公共投资支撑了2016年的增长

资料来源:中国国家统计局。

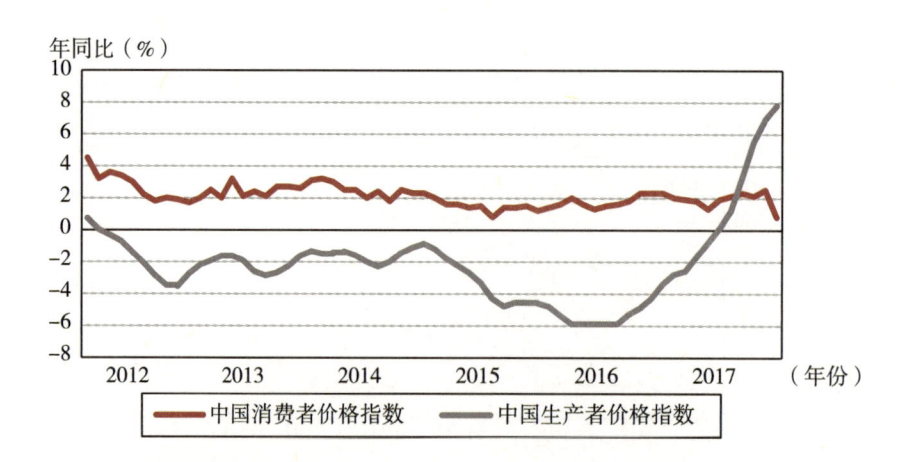

图1.13 2016年9月以来中国PPI年同比增速重返正区间

资料来源:中国国家统计局。

---

[8] 低基数效应也有助于PPI的反弹。未来PPI和利润的提高还存在不确定性,因为产能过剩仍然是一个挑战,同时总体投资的放缓会降低对商品的需求。

以价值计算中国从东盟与日韩进口的大宗商品很可能因价格提高而急剧上升。以美元计价，中国从东盟六国（马来西亚、泰国、印度尼西亚、菲律宾、越南以及新加坡）进口的矿产、化工以及塑料和橡胶产品自2014年以来大幅下降[9]，这部分反映出2014年下半年全球大宗商品和石油价格的暴跌（见图1.14）。随着价格回升以及生产者价格的提高，中国从本地区进口的大宗商品将会增加，进而改善该地区大宗商品出口国的经济状况。但是，值得注意的是，随着中国国内政策重点的转变，大宗商品进口的结构已经发生变化。例如，中国更加强调环保和改进节能技术，导致自2015年1月开始对煤炭等能源产品进口量减少（见图1.15）[10]。

削减工业过剩产能短期内会对经济增长造成冲击，但从中期看，更有效的资源配置所带来的收益将是巨大的，特别是在国有企业改革完成之后。投资拉动的增长带来了产能过剩的后遗症（特别是在钢铁生产部门和煤炭开采部门），一定程度上拖累了近期的经济增长与就业。国有企业存在于许多行业之中，因此产能过剩问题的解决，特别是与国有企业改革并举，将会实现更有效配置资源提高生产率。然而，尽管国有企业改革已取得一定的进展，但却慢于市场预期，这也反映出其任务的艰难与复杂程度。

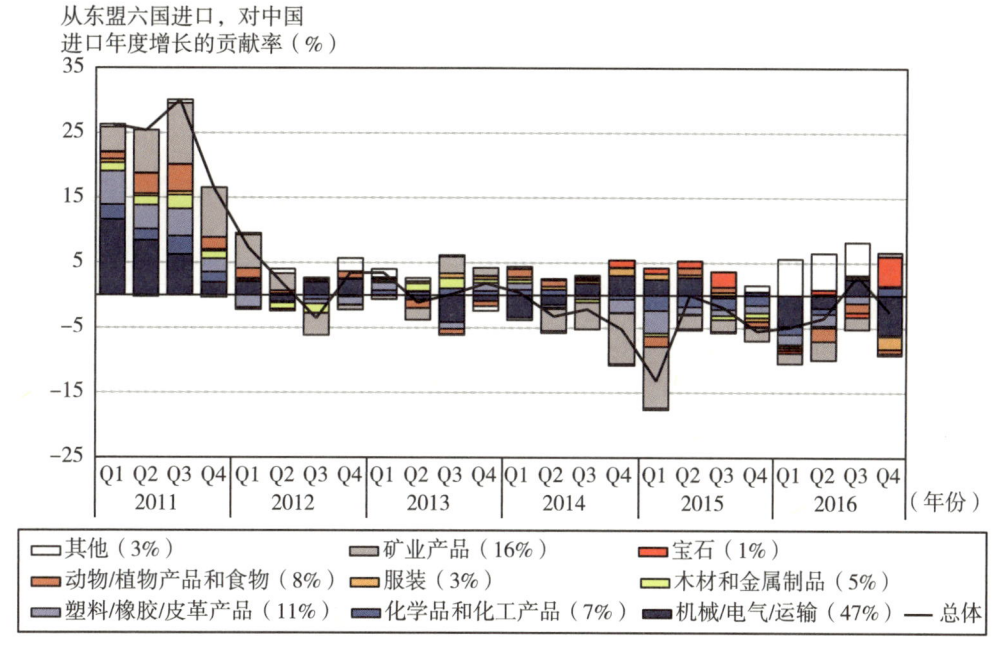

图1.14 中国从东盟六国进口的矿产、化工及塑料/橡胶产品自2014年开始减少

注：百分比的贡献以进口的美元价值计算。括号中的数值表示占中国从东盟六国进口的总体份额。
资料来源：中国海关总署。

---

[9] 尽管这些数值以美元计价且受到包括汇率变动在内的价格变化影响，中国进口量的数据显示中国对这些产品的需求下降了。

[10] 2015年1月开始，中国对低质量煤炭的进口实施更严格的管理。

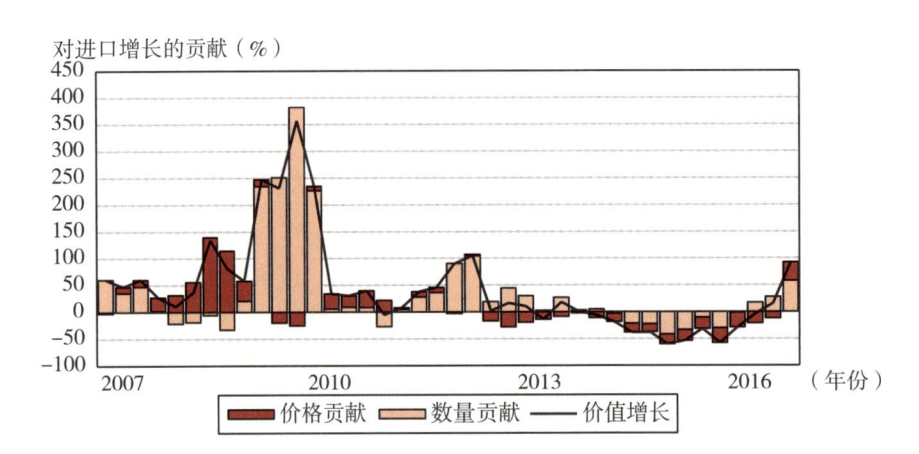

图1.15 随着国内再平衡以及转向清洁能源的政策，中国对煤炭的进口需求减弱

资料来源：中国海关总署。

随着中国工业部门进一步削减过剩产能，从进口竞争角度来讲，中国对本地区的溢出效应也会递减。在过去的几年中，中国国内钢铁部门的过剩产能导致了中国对本地区国家钢铁出口量的激增，并加剧了全球钢铁价格的下跌[11]。由于钢铁价格处于历史低点，一些地区的经济体选择用更多的进口来代替国内生产。实际上，本地区从中国进口钢铁的状况由来已久。自从全球金融危机之后，一些区域经济体更加依赖中国钢铁的进口（诸如为满足基础设施建设的需求）。这就对一些经济体中的本地钢铁生产产生了挤出效应，当地钢铁生产商面临着来自中国钢铁出口商的竞争。[12]不过，中国钢铁出口对本地区的冲击将随着中国钢铁部门进一步减产而逐步缓和（见图1.16）。

图1.16 自2015年开始中国钢铁出口开始逐渐放缓

资料来源：中国海关总署。

作为本地区主要的新兴市场货币，人民币并没有因为全球政策不确定性的加剧而

---

[11] 2016年钢铁价格的上涨原因是中国房地产市场需求在短时间内激增、投机行为以及铁矿石价格的上涨。

[12] 2017年3月，越南对来自中国等地的钢铁进口实施临时反倾销关税，范围从14%~23%。越南在其他中国钢铁产品上还施加了更多的进口税，达到25%，这一比例将会保持到2019年10月。泰国在2016年11月批准了对来自中国的钢铁进口采取反倾销措施。

大幅波动。人民币与区域内其他新兴经济体货币在2016年底因美联储加息有所贬值之后，2017年年初以来开始升值。即使全球政策不确定性增加，人民币的波动却相对温和（见图1.17）。政策制定者与市场参与者之间沟通的改善以及资本流动管理措施的趋严也对防止人民币剧烈波动起到了一定作用。本地区的货币与金融市场分别对人民币及中国金融市场的敏感程度较强，这表明市场情绪在传导来自中国的压力过程中发挥重要作用（见图1.18）。自全球金融危机以后全球股票市场以及在较少程度上，全球货币分别与中国股市及人民币表现出显著同步运行（见图1.19）[13]。随着全球政策更加不确定（尤其是特朗普当选以来），包括中国在内的主要经济体继续保持清晰的政策沟通非常重要，这将有助于避免引发金融市场不必要的担心。

图1.17 尽管2017年初以来人民币对美元走强，但人民币汇率指数仍保持基本稳定

资料来源：中国人民银行。

图1.18 本地区股市表现出与中国的市场同步

资料来源：彭博。

---

[13] 作为新兴经济体中的主要一员，中国金融市场的溢出效应已经足以影响全球市场，并成为市场波动指数的一个指标。国际清算银行调查数据认为人民币已经超过墨西哥比索成为世界第八大活跃的贸易货币，以及新兴经济体中最活跃的贸易货币（国际清算银行每三年一次的中央银行调查，排名根据2016年4月外汇成交量）。

图1.19　全球市场波动指数越来越受到中国市场的影响

注：AlphaShares中国波动指数测量新华富时中国25指数期权以及恒生指数期权中隐含的波动性。它是作为这两种基准指数期权所反映的关于近期波动性的市场预期的测量工具。全球市场波动指数（VIX）是芝加哥期权交易所波动指数的典型代表。数据截至2017年3月31日。

资料来源：彭博。

鉴于持续进行的国内结构调整以及日益严峻的外部环境，预计2017年中国经济增长将略有放缓。脆弱因素依然来自过高的企业债务、持续的产能过剩以及缓慢的国有企业改革。这三个因素是中国经济可持续发展的主要挑战，而它们之间又相互关联。在外部状况方面，出口增长仍旧疲软，与美国潜在的贸易紧张局势还会进一步影响出口。资本外流最近已经得到缓解，这是由于中国经济出现了更多企稳的信号、美元走势温和以及资本流动管理实施的加强。但资本外流仍将是一个重要的风险（见图1.20），因为市场信心对增长放缓、改革的不确定性以及外部冲击都非常敏感。另外，个人消费、服务业（包括互联网经济）以及基础设施投资的进一步扩张将支持经济持续增长。2017年GDP有望达到6.5%的增速（2016年是6.7%）[14]。中国必须确保充分的政策支持，使得经济保持在一个稳定的增长路径上，同时落实供给侧改革，使经济在中期内实现可持续发展。

在本国宏观经济政策以及外需的支撑下，2017年日本经济将保持强劲增长，并高于潜在的增长率。AMRO预计2017财年其GDP增速将达到1.3%，这主要受益于政策的刺激。同时，标题通胀率平均值在0.6%左右。2016年8月公布并在2017财年实施的大规模财政刺激计划预计将有助于2017年的经济增长[15]。通胀压力持续较弱，消费者价格指数增速（CPI，新鲜食品除外）在一段时期内接近于零，这反映了日本萎靡的个

---

[14] 中国政府近期制定的2017年增长目标是6.5%或略高。

[15] 在总值28.1万亿日元的经济刺激计划中财政部分有13.5万亿日元，其中包括7.5万亿日元的预算支持和6万亿日元非预算的财政措施（财政投资和贷款项目）。

人消费以及疲软的全球石油价格等因素（见图1.21）。但石油价格的回升（尽管缓慢）以及持续紧张的劳动力市场可能会对近期通胀形成一定上升压力。

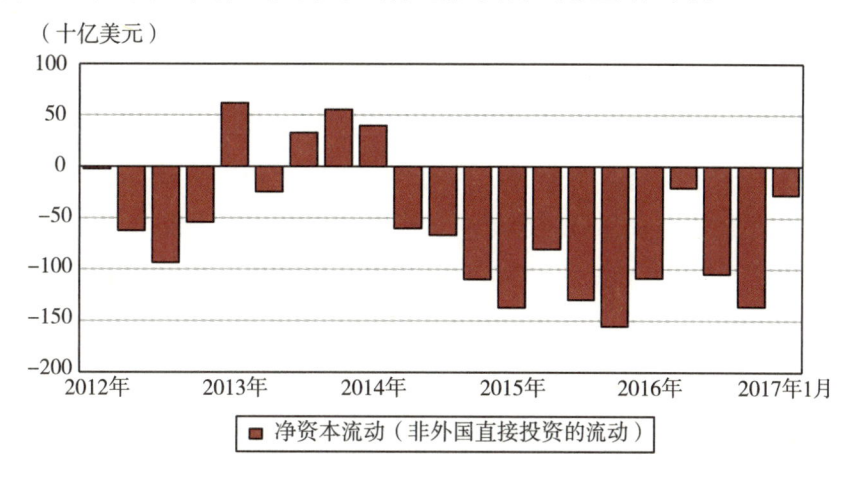

图1.20 中国仍然存在资本外流风险

资料来源：中国国家外汇管理局、AMRO估值。

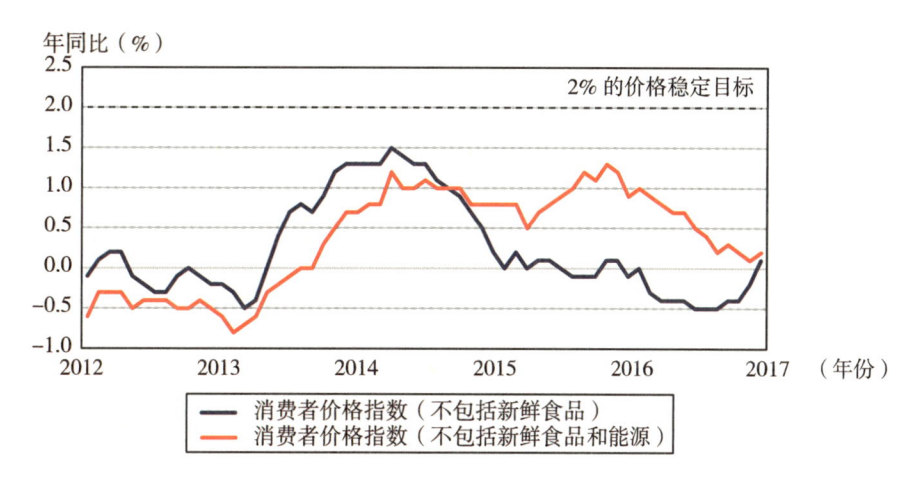

图1.21 实现2%的物价稳定目标仍面临挑战

注：数据有所调整，除去了2014财年消费税率变化的影响。
资料来源：各经济体。

随着美国国债收益率相对于日本政府债券（JGB）收益率的升高以及本地区债券收益率的上升，日本将会持续对本地区进行证券投资。这是由于随着日本政府债券收益率曲线趋于平缓甚至降到负值，日本投资者将持续地通过境外资产再平衡他们的投资组合。他们的投资标的主要有美国股市和美国国债，以及可替代的投资资产（例如日本不动产投资信托）。像日本政府养老投资基金这样的机构投资者已几乎完成了新的政策资产组合再平衡，其中外国证券比重从23%升至40%。一些保险公司和银行也重新调整了投资配置，将国内债券调整为外国债券和其他风险资产以寻求较高的收益率。目前，这些资产调整主要侧重购买发达经济体资产，包括美国国债。

全球金融环境的进一步收紧可能对日本的银行在本地区发放贷款的资金成本产生

影响。日本的银行通过批发市场向本地区提供美元贷款资金,其中的一部分通过交叉货币基差互换完成。一旦全球美元流动性显著收紧,将会使日本的银行资金成本激增。图1.22显示了在类似雷曼兄弟公司倒闭等全球市场波动期间,日元对美元交叉货币基差互换率在短时间内激增。同样值得注意的是,在雷曼兄弟公司倒闭后全球普遍采取了金融监管改革行动,这在一定程度上加大了全球金融危机后美元资金的成本。展望未来,很多因素都可能会对日本金融机构的外汇对冲和融资活动产生压力,这些因素包括日本持续的超低收益率环境,市场对美国资产收益率上升和强势美元的预期,以及持续加强资本管理的全球趋势。日本当局对此十分清醒并密切监测日本的银行美元资金流动性风险[16]。

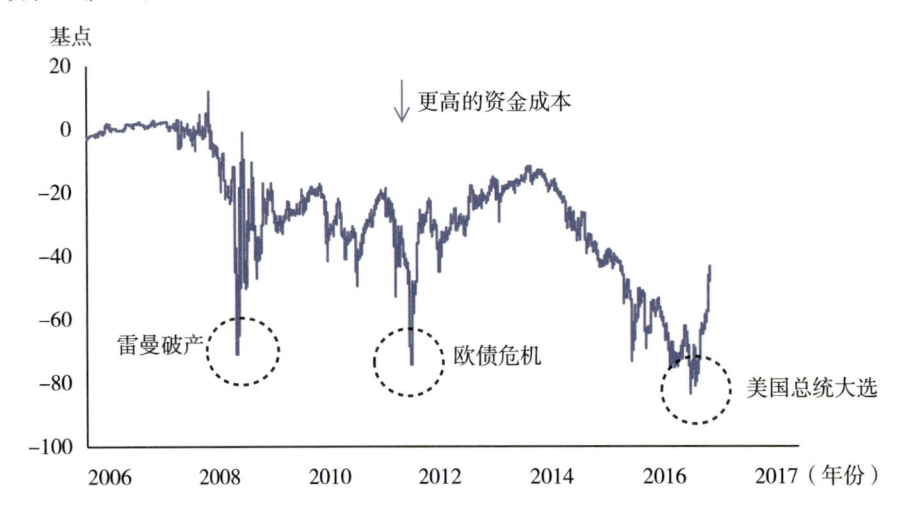

图1.22　近期日元对美元交叉货币基差互换率的激增较之前几次动荡持续了更长的时间

注:跨币种货币基差互换是计算在一次性将借款从本币转换为美元中有多少溢价(−)/贴水(+)需要支付/获得。数据截至2017年3月31日。

资料来源:彭博。

> 2017年新兴市场将受到持续且低迷的全球经济和贸易增速的困扰,并面临来自贸易保护主义抬头和全球金融市场波动的风险。

贸易方面,来自美国和欧盟的最终需求仍然至关重要,所以美国日益高涨的贸易保护情绪以及英国与欧盟贸易谈判的不确定性都会给已经疲软的新兴市场出口蒙上阴影。紧张的贸易局势,特别是中美之间的紧张贸易局势——作为尾部风险事件可能会通过以中国为中心的亚洲供应链扩散,对实体经济产生深远的影响。

金融方面,亚洲新兴市场的货币和股票市场最初对特朗普当选有反应,但低于其他地区新兴市场的反应程度。美国大选之后,亚洲新兴市场中韩元和马来西亚林吉特

---

[16] 尽管最近外汇资金成本压力有所缓解,但如果日本投资者重新将他们的资产组合投资配置到海外,则成本压力还会再次增加。

随即经历了较大跌幅（从2016年11月7日到12月31日），但这仍然小于亚洲地区以外新兴市场货币的跌幅（见图1.23）。受限制性贸易和移民政策的影响，美国总统大选前夕，墨西哥比索兑美元汇率开始大幅下跌。此外，对美元汇率下跌的还有巴西和土耳其的货币。图1.24表示，从2017年1月1日至2月6日，MSCI全球新兴市场指数已从大选后的下跌行情反弹。

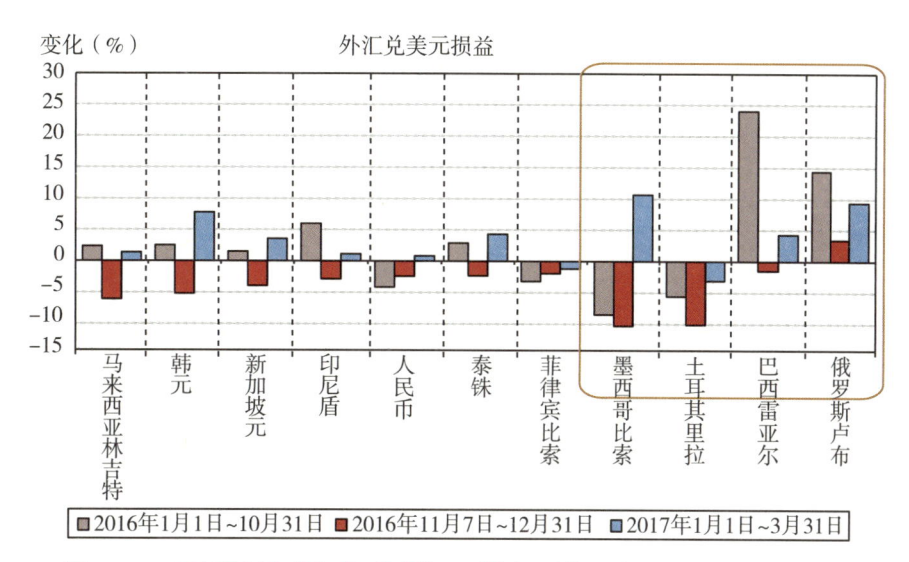

图1.23 本地区新兴市场货币对美元贬值但贬值程度不及墨西哥和土耳其

资料来源：彭博。

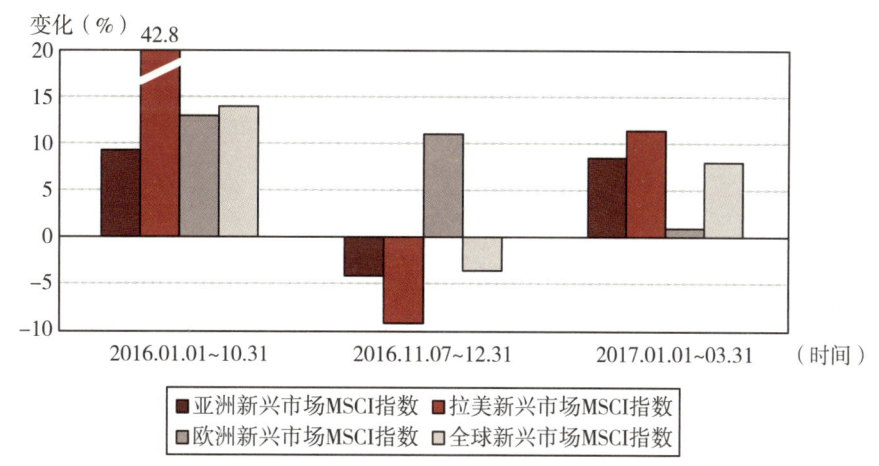

图1.24 亚洲新兴市场股票市场的下跌少于拉丁美洲市场

资料来源：Thomson Reuter Datastream。

最近几周，新兴市场恢复了外资净流入，但外部环境仍然面临挑战，主要原因是美元走强及资产价格波动。从2016年11月8日到年底，美国大选之后全球新兴市场证券投资资本净流出总计大约为150亿美元。与此前几轮引发资本外流的时期相比，这个数值相对较小（见图1.25）。然而，2017年前六周内，新兴市场的证券投资资本恢复净流入，部分原因是全球的基金经理们增加了在新兴市场的资产配置，同时减少了对美国股票资产的持有（见图1.26）。在特朗普和美国财政部长对美元的强势表示担忧之后，美元开始走弱。联邦公开市场委员会成员更加强硬的表态可能进一步刺激美元强势和相关资产价格的波动。因此，在投资者风险偏好频繁变化的背景下，预计全球新兴市场外部环境仍将面临挑战。全球投资者也将会更加仔细地考量新兴市场的宏观基本面，比如经常账户余额和财政状况（见图1.27）。图1.28表明，除了在全球性风险厌恶加剧期之外，投资者对不同新兴市场的风险的认知会有一定程度的差异。

图1.25　相比之前的紧张期，在特朗普恐慌期间（Trump Tantrum），全球新兴市场累计净投资资本外流相对"温和"

资料来源：各经济体、IIF。

图1.26　2017年前六周，新兴市场证券投资恢复净资本流入

资料来源：各经济体、彭博、IIF。

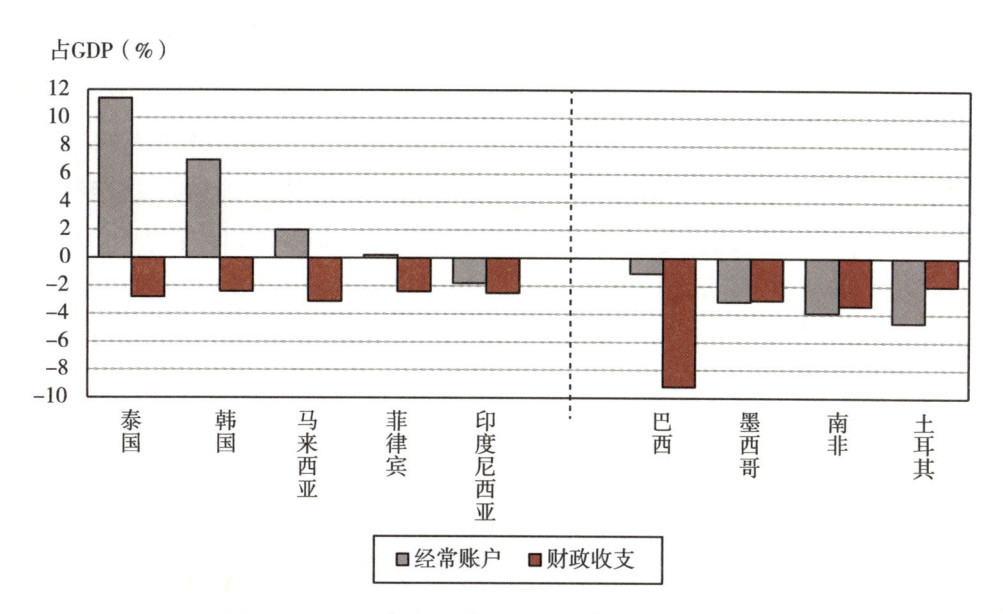

图1.27　2016年新兴市场经常账户和财政收支比较

注：韩国财政平衡是指调整后的平衡，不包括社保基金。
资料来源：彭博、AMRO估计。

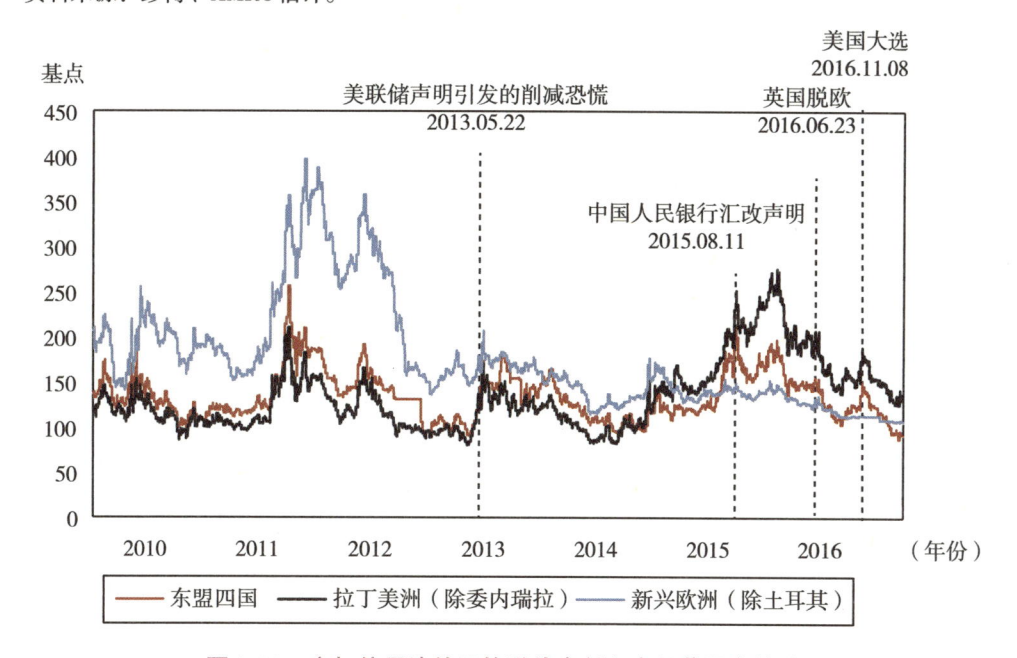

图1.28　主权信用违约互换溢价在新兴市场范围内的差异

注：数据来自于对各区域经济体信用违约互换差价的简单平均数。拉丁美洲包括巴西、智利、哥伦比亚、墨西哥、巴拿马和秘鲁。新兴欧洲包括保加利亚、克罗地亚、捷克共和国、爱沙尼亚、匈牙利、拉脱维亚、波兰、罗马尼亚、俄罗斯、斯洛伐克和斯洛文尼亚。东盟四国包括印度尼西亚、马来西亚、菲律宾和泰国。数据截至2017年3月31日。
资料来源：彭博。

考虑到本地区新兴市场的高度开放性，市场容易受到来自外部不利因素的负面溢出效应的影响。我们通过全球向量自回归模型分析外溢效应对实体经济的冲击，结果表明美国和中国实际GDP增速放缓对全球新兴市场影响显著，具体表现为对新兴市场出口的负面影响（用连续以1%下跌的美国/中国工业产出代替实际GDP，出口对该比值的脉冲响应函数在12个月内显著为负）。马来西亚、新加坡、文莱和泰国（本地区经济体），以及印度、南非、沙特阿拉伯和澳大利亚（本地区外经济体）等出口依赖型和商品出口导向型的经济体会受到中国和美国的增长波动较大的负面影响。相比之下，日本冲击就较小。鉴于中国在全球贸易中所处的核心地位，中国对实体经济冲击方面的影响还在上升。考虑到中国在全球价值链中的地位，中国进口大幅下降产生的溢出效应影响深远。全球向量自回归模型分析结果表明，中国进口的波动都会产生持久而广泛的影响，特别是对大型经济体如英国、法国和德国。由中国进口冲击所产生的巨大影响反映了中国作为最终需求的重要性。专栏A描述了美国、中国和日本对本地区经济体溢出效应的比较研究。

根据全球向量自回归模型分析结果，在金融溢出效应方面，美国、英国和中国银行业的违约风险（金融冲击）和公司经营困境的增加对新兴市场金融部门影响巨大，因为这些冲击源自系统性重要的经济体。借鉴Chen等（2010）[17]的方法（用预期违约频率衡量压力）[18]，我们使用全球向量自回归模型进行分析，结果表明美国金融冲击的负面溢出效应会在全球新兴市场的金融和企业部门中传播迅速[19]。尤其是在新兴市场的企业部门，其企业违约的概率持续上升（在36个月内）。相比之下，来自于中国的金融冲击尽管也很明显，但是持续性较弱，由此引发的本地区新兴市场的金融和企业部门的压力在半年内均有所缓解。从全球向量自回归模型的分析结果来看，金融冲击对日本的金融和企业部门的溢出效应整体上均不显著。而英国的金融冲击主要通过新兴市场的金融部门传递，尽管对新兴市场的溢出效应为正，但是这个结果并不稳定[20]。

如果美国、中国和日本的企业部门面临更大的违约风险，用全球向量自回归模型估计的溢出效应表明，发达经济体和发展中经济体的银行部门都会受到影响。实证分析结果表明，如果美国企业部门困境增加，那么美国、英国、主要的欧元区经

---

[17] Chen, Q., Gray, D., N'Diaye, P., O, Hiroko and Tamirisa, N., (2010), "International Transmission of Bank and Corporate Distress", IMF Working Paper。

[18] 预期违约频率（EDF）是一个公司在特定时间内（通常为一年）违约的概率。"违约"定义为未能按时支付本金或利息。根据穆迪的EDF模型，当资产的市场价值（正在进行的业务的价值）低于其应支付的债务（违约点）时，公司就会违约。公司层面上的EDF加总形成部门和国家水平上的EDF。

[19] 这可能是由于估计期区间的选择，在这项研究中没有涵盖亚洲金融危机之后的几年，那时日本的银行从该地区撤出。

[20] 然而，英国对其他主要欧元区企业的负面溢出效应统计意义上是显著的，凸显了英国银行和欧元区企业之间的密切联系。

济体、澳大利亚、巴西、土耳其和本地区新兴市场（东盟四国以及新加坡和韩国）的预期违约频率在最初的六个月内随之大幅飙升。对这个现象的解释是，美国企业的盈利被视为全球企业健康的"晴雨表"，驱动着全球资产价格，对金融机构的资产质量有影响（例如贷款和资产组合）。来自中国企业的预期违约频率的冲击对生产大宗商品的主要经济体（尤其是巴西、澳大利亚、印度尼西亚和马来西亚）有显著的影响，同时可能通过市场情绪渠道影响泰国、韩国、新加坡和土耳其等国家。不过，中国企业部门预期违约频率的冲击对美国和日本金融部门的负面影响没有统计意义上的显著，而对英国和主要欧元区经济体的金融部门的负面影响相对较小。来自日本企业部门的冲击对英国、主要欧元区经济体、澳大利亚、中国、韩国、新加坡、马来西亚、土耳其和巴西的金融部门溢出效应显著。相比之下，来自英国企业部门压力冲击对全球主要的经济体没有统计意义上显著的影响，而来自美国、中国和日本的企业部门对金融部门的冲击比较持久（36个月）。

美国、日本和中国股票价格冲击的溢出效应对本地区股市有较强的正向影响。美国股市的反弹经常伴随着全球股价的反弹，总体上反映了对全球经济的乐观情绪。全球向量自回归模型分析表明上述影响尽管是正向的，但是在短期内（一年内）就会减弱。而对于中国来说，考虑到其与本地区经济体紧密的经贸联系，中国对股价的溢出效应也为正向但不持久（详见专栏A）。

专栏A

中、美、日三国溢出效应影响的比较：
全球向量自回归模型的初步分析结果[21]

鉴于东盟与中日韩地区中新兴市场易受全球和区域性的冲击，有必要进行美国、中国、日本实体经济和汇率冲击对区域性影响的实证研究。AMRO使用全球向量自回归模型探究了实体和金融部门的冲击对本地区内经济体以及本地区外经济体的溢出效应的影响。在对实体经济的全球向量自回归模型中，使用了以下一些特定的经济变量如工业生产、消费价格、贸易、名义有效汇率、利率和一些诸如石油、食品价格的全球变量。在对金融的全球向量自回归模型中，特定的经济变量有：银行部门的预期违约频率[22]、企业部门的预期违约频率、实际短期利率、工业生产、实际股价和实际有效汇率。所有的本地区经济体都在研究范围内（金融全球向量自回归模型中不包括文莱、老挝和缅甸），此外还包括本地区外的经济体如巴西、南非、英国、法国、德国、西班牙、墨西哥、沙特阿拉伯、美国、印度、澳大利亚、土耳其和新西兰。本研究采用了

---

[21] 这些初步的结果来自AMRO和日本成蹊大学Tomoo Inoue教授正在进行的一项研究。
[22] 见脚注18。

33个国家从2001~2015年的月度数据。更多细节如模型方法和其他相关技术细节，请参阅附录A。

实体经济的全球向量自回归模型

实体经济的全球向量自回归模型分析结果表明，来自美国和中国的增长冲击（以工业生产为代表）对区域工业生产的影响比来自日本增长冲击的影响更为显著。图A1和图A2表示，在12个月内，如果中国和美国的工业生产连续以1%下降，对区域经济体的工业生产的影响为负，这与来自日本的冲击相比影响更大、更有持续性。从36个月累积的冲击水平上来看，区域工业生产下降（平均每单位美国工业生产的冲击引起区域工业生产变动-0.1个百分点，每单位的中国工业生产的冲击引起区域工业生产变动-0.9个百分点）。日本工业生产对区域工业生产的冲击在统计意义上不显著（见图A3）。

在名义出口方面（以当地货币计价），如果中国工业生产增长持续降低1%，不仅对本地区新兴市场的出口溢出效应为负，还对本地区外的其他新兴市场和主要发达经济体也有影响。此外，这个负向影响持续长达36个月（见图A4）。日本、马来西亚、新加坡、文莱和泰国等本地区经济体都受到负面影响。这体现了中国作为全球最终需求的重要作用。来自中国工业生产冲击也会对欧洲国家有负面影响，例如英国、法国、德国。本地区外的几个大型新兴市场经济体如印度、南非和沙特阿拉伯在36个月内累积影响为-3.2个百分点。上述冲击对本地区外依赖大宗商品出口的经济体的影响也很巨大，如澳大利亚（-3.5个百分点）。

在汇率冲击方面，人民币贬值（以名义有效汇率为基础）在12个月后[23]对本地区经济体的名义有效汇率没有显著影响，但是泰国和日本例外（日本的名义有效汇率将升值）（见图A5）。日本的汇率升值（以名义有效汇率为基础）也没有对本地区经济体的名义有效汇率产生显著影响（见图A6）。上述现象可能与全球向量自回归模型中选取的时间范围有关，汇率冲击可能只产生短期影响。

金融部门的全球向量自回归模型

美国、英国以及中国产生的金融冲击（由金融部门的预期违约频率表示）影响力显著。这些金融冲击的溢出效应会迅速波及本地区的经济体（无论金融部门还是企业部门）。用预期违约频率的方法测量压力时[24]，美国、英国和中国金融部门内的预期违约频率冲击会

---

[23] 该研究还考虑了用兑美元的双边汇率代替名义有效汇率作为汇率项的替代变量。

[24] 预期违约频率（EDF）是一个公司在特定时间内（通常为一年）违约的概率。"违约"定义为未能按时支付本金或利息。根据穆迪的EDF模型，当资产的市场价值（正在进行的业务的价值）低于其应支付的债务（违约点）时，公司就会违约。决定公司EDF估值的三个关键价值是：公司的当前市值（资产的市场价值）、公司债务的水平（违约点），以及市场价值对大变动（资产波动）的脆弱性（vulnerability）。

显著地影响到新兴市场金融部门的预期违约频率，这种冲击的压力随后将传导至新兴市场的企业部门，表现为企业违约概率(36个月范围内)显著持续地上升。英国金融部门预期违约频率的冲击也会传导至新兴市场的金融部门和企业部门。相比之下，中国金融部门预期违约频率的冲击尽管对新兴市场的影响力是显著为正的，但相较于美国带来的金融压力影响，中国带来的压力似乎不会持久，这种对新兴市场金融部门和企业部门的压力在半年之内就会减弱(见图A7~图A12)。上述情形在本地区新兴市场(马来西亚、印度尼西亚、泰国和韩国)以及本地区以外的其他新兴市场(印度、墨西哥、土耳其和南非)都能被观察到。在日本产生金融冲击的情况下，全球向量自回归模型的分析在总体上显示出对本地区新兴市场金融部门和企业部门都没有显著影响的结果，因此这里没有列出。

来自美国、中国和日本企业部门的压力(用企业部门的预期违约频率表示)是向新兴市场金融和企业部门传递压力的重要渠道。

（1）美国上升的企业违约率对全球经济有着深远的负面溢出效应，因为美国企业财务健康状况经常被视为衡量全球经济健康状况的"晴雨表"。鉴于美国经济所处的核心地位，美国企业所面临的资产价格下跌压力反过来又会影响新兴市场的稳定性和金融与企业部门的资产质量(见图A13，图A14)。

（2）中国企业违约概率上升也有重要的系统性影响，尤其是对大宗商品生产国(如巴西、澳大利亚、马来西亚以及印度尼西亚)的金融部门稳健性有影响，同时也对本地区内其他新兴市场如韩国和泰国有影响。考虑到中国系统重要性的上升，来自中国的金融压力也传导到了主要发达经济体中(日本、英国和主要的欧元区经济体)，这可能是由于市场情绪。同样，中国企业部门的风险传导也会影响新兴市场和主要发达经济体的稳健性(见图A15，图A16)。

（3）同样，日本公司上升的预期违约频率也对以下国家和地区的金融和企业部门有显著的负溢出效应：中国、新加坡、马来西亚和泰国(本地区新兴市场)，巴西和土耳其(其他新兴市场)，除美国以外的主要发达经济体，特别是英国、主要欧元区经济体和澳大利亚。对以上所有国家和地区，该影响都长达36个月(见图A17和图A18)。

在股票价格冲击方面，来自美国、日本和中国股票市场的正向冲击对本地区的股票市场有正面的影响，溢出效应的影响大概在一年后减弱。这一结果与美国股市反弹与全球股市价格反弹相联系的观察结果一致。关于中国冲击的分析结果佐证了近几年本地区股指与中国股指之间强烈联动的现象(见图A19~图A21)。

广义脉冲响应函数：实体经济部门的全球向量自回归模型

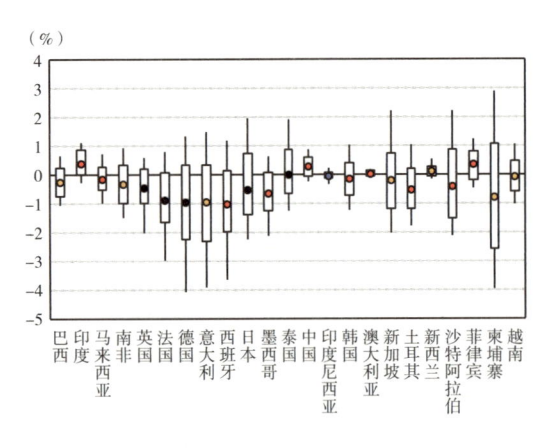

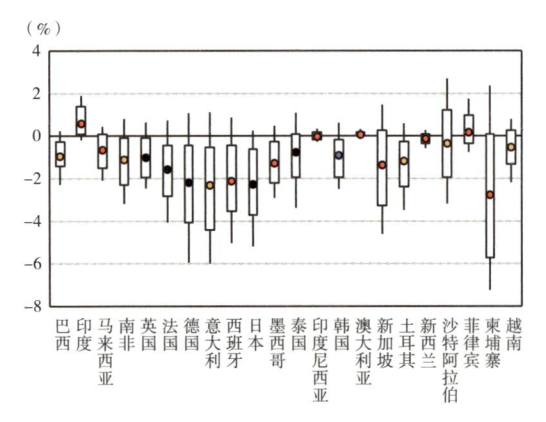

图A1　美国工业生产（IP）每下跌1%引起各国工业生产（IP）的变化（36个月）

图A2　中国工业生产（IP）每下跌1%引起各国工业生产（IP）的变化（36个月）

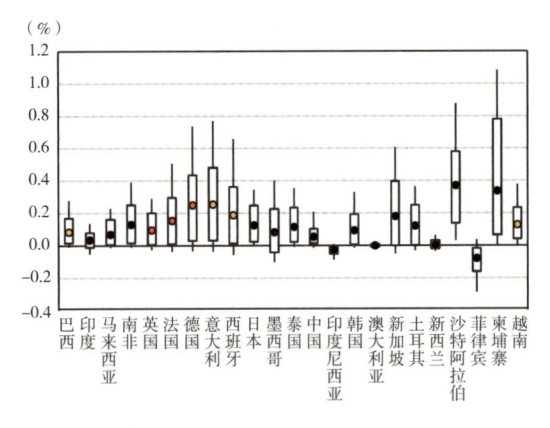

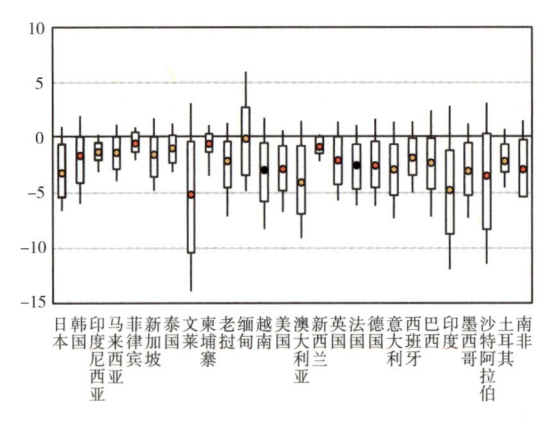

图A3　日本工业生产（IP）每下跌1%引起各国工业生产（IP）的变化（36个月）

图A4　中国工业生产（IP）每下跌1%引起各国出口的变化（36个月）

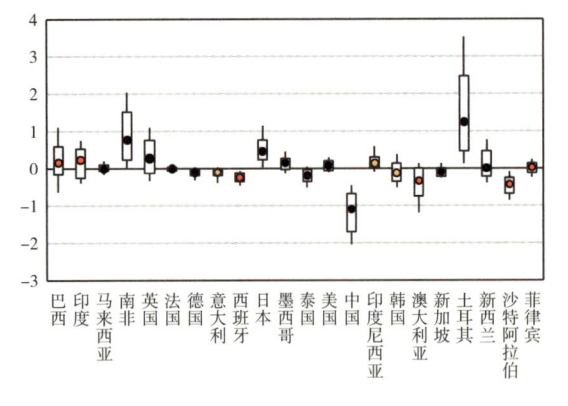

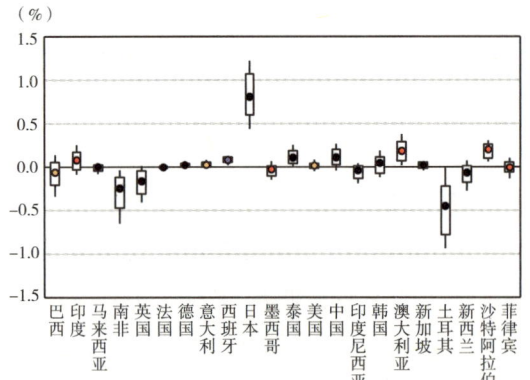

图A5　中国名义有效汇率（NEER）每下跌1%引起各国名义有效汇率（NEER）的变化（12个月）

图A6　日本名义有效汇率（NEER）每下跌1%引起各国名义有效汇率（NEER）的变化（12个月）

广义脉冲响应函数：金融部门的全球向量自回归模型

A.美国、英国和中国金融部门冲击对样本国家的金融和企业部门的溢出效应

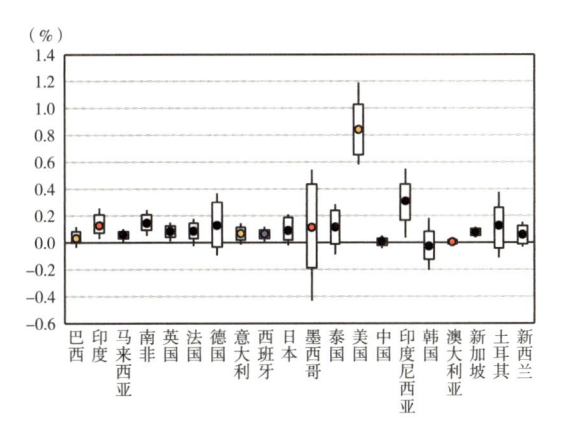

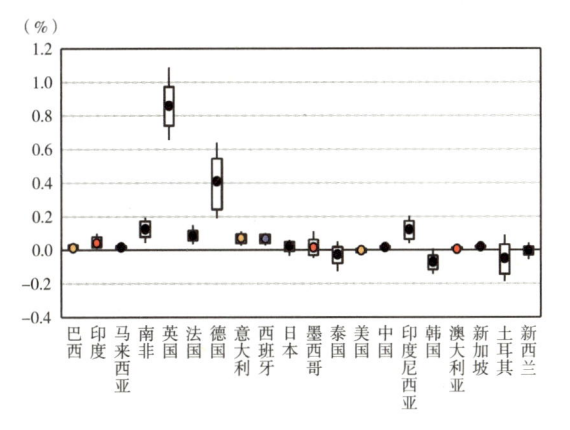

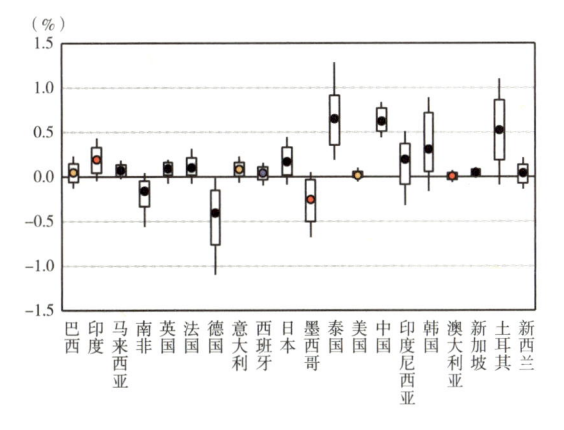

图A7 美国金融部门EDF每上升1%引起各国金融部门EDF的变动（12个月）

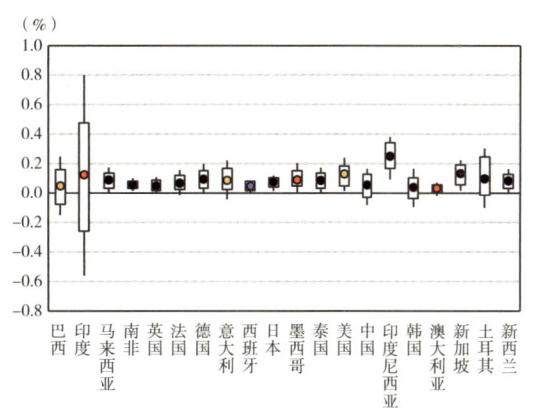

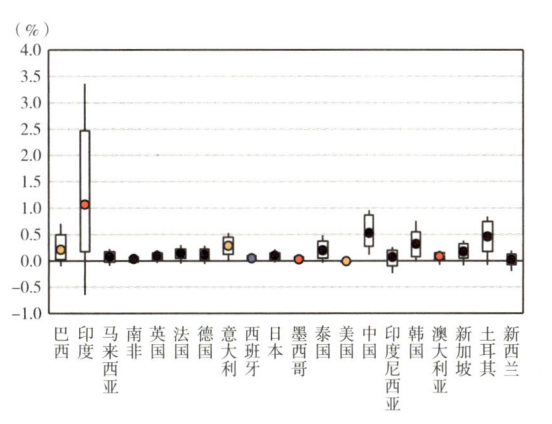

图A8 美国金融部门EDF每上升1%引起各国企业部门EDF的变动（12个月）

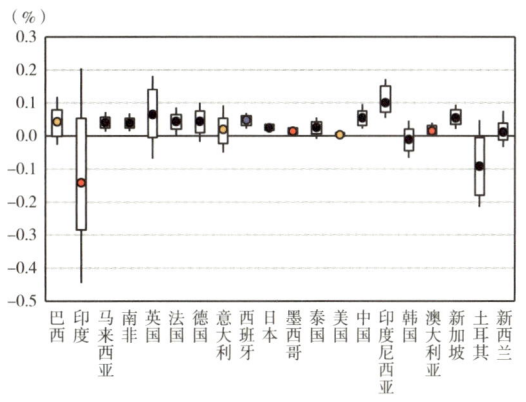

图A9 英国金融部门EDF每上升1%引起各国金融部门EDF的变动（12个月）

图A10 英国金融部门EDF每上升1%引起各国企业部门EDF的变动（12个月）

图A11 中国金融部门EDF每上升1%引起各国金融部门EDF的变动（12个月）

图A12 中国金融部门EDF每上升1%引起各国企业部门EDF的变动（12个月）

B.美国、中国和日本企业部门冲击对样本国家的金融和企业部门的溢出效应

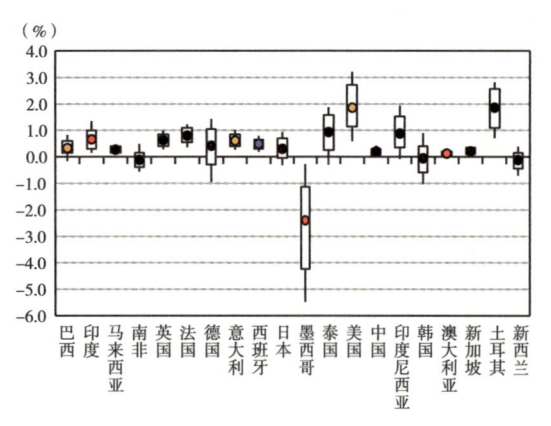

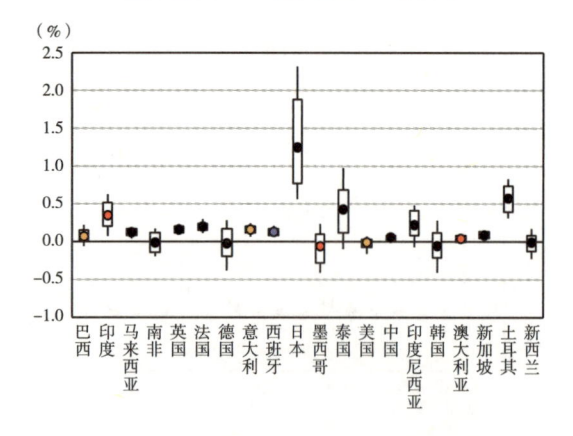

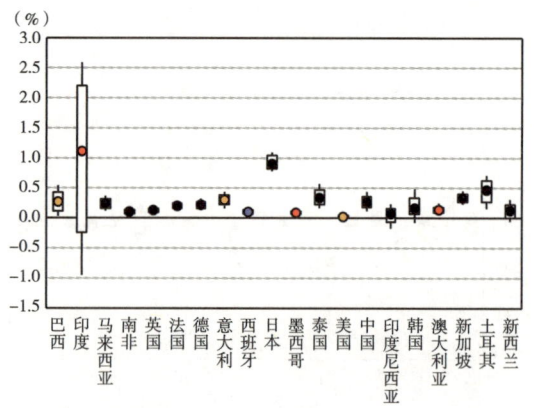

图A13 美国企业部门EDF每上升1%引起各国金融部门EDF的变动（12个月）

图A14 美国企业部门EDF每上升1%引起各国企业部门EDF的变动（12个月）

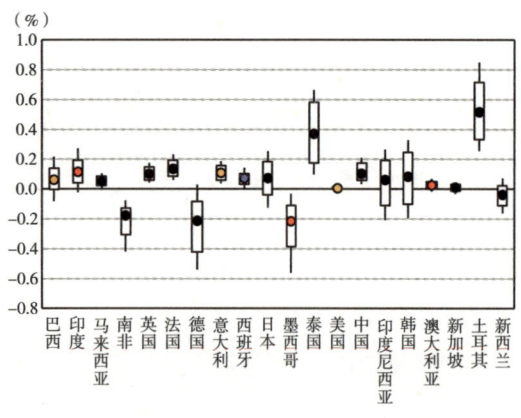

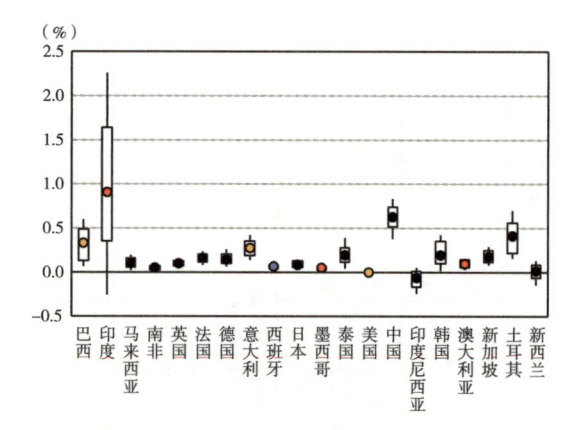

图A15 中国企业部门EDF每上升1%引起各国金融部门EDF的变动（12个月）

图A16 中国企业部门EDF每上升1%引起各国企业部门EDF的变动（12个月）

图A17 日本企业部门EDF每上升1%引起各国金融部门EDF的变动（12个月）

图A18 日本企业部门EDF每上升1%引起各国企业部门EDF的变动（12个月）

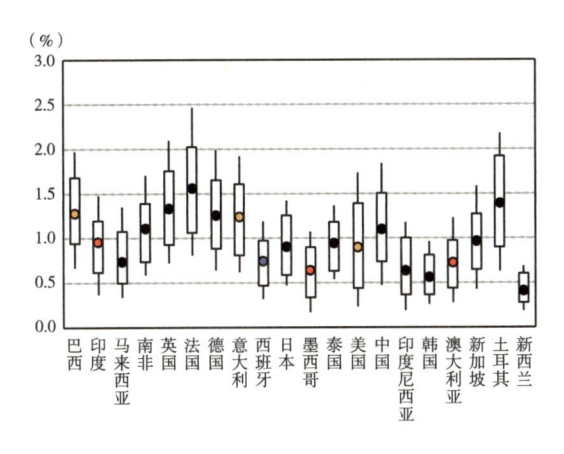

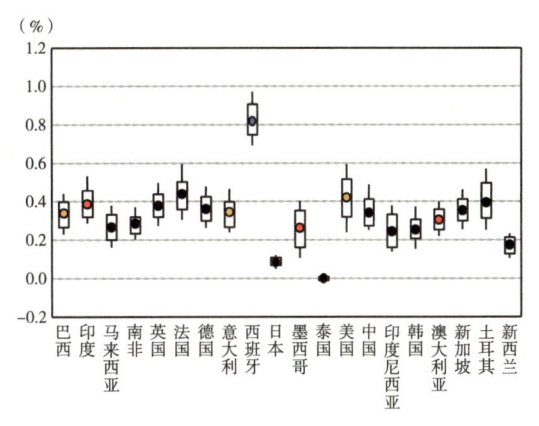

图A19　美国真实股价每上升1%引起各国真实股价的变动（12个月）

图A20　日本真实股价每上升1%引起各国真实股价的变动（12个月）

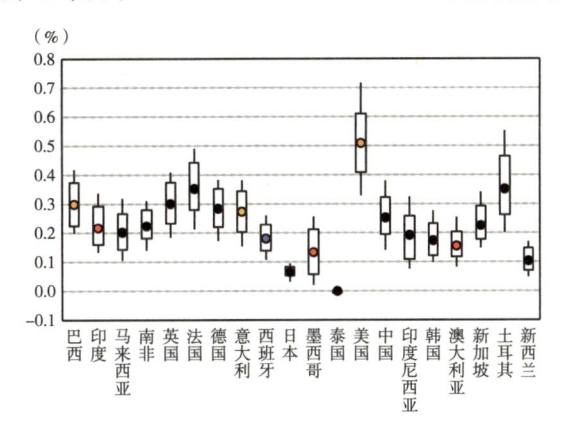

图A21　中国真实股价每上升1%引起各国真实股价的变动（12个月）

二、区域经济展望与挑战

> 2017~2018年，预计本地区经济增长将略有放缓，区域通胀率自2011年持续下行后预计将有所回升。由于全球需求和贸易疲软，本地区经济增长主要受国内需求推动及货币和财政政策的支持。

尽管2016年外部环境欠佳，但区域经济保持韧性，预期2017年增速会降至5.2%左右，2018年预计降至5.1%（见图2.1，表2.1）。大多数区域经济体依靠扩张性宏观经济政策拉动内需以支持经济增长。本地区经济仍然富有活力，对全球政策不确定性带来的外部冲击表现出韧性。这些冲击包括2013年5月的美联储声明引发的"削减量宽恐慌"，英国脱欧公投和2016年11月出乎市场预料之外的美国大选结果。

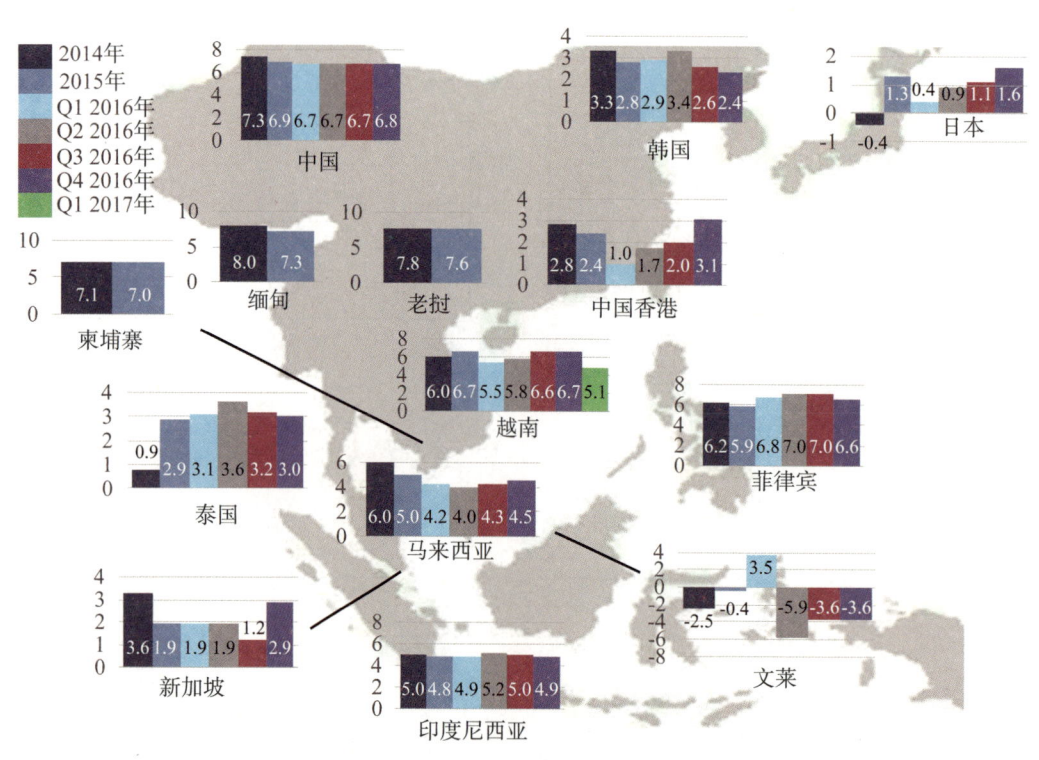

图2.1 区域经济保持韧性

注：年增长率%。日本、老挝、缅甸的数据采用的是财政年度数据。
资料来源：各经济体。

如果排除尾部风险事件，如中美贸易紧张程度升级、地缘政治冲突爆发或严重的气候变化事件，2017~2018年本地区经济基本将保持持续温和增长。贸易依赖型经济体如韩国、新加坡和中国香港在2017年经济将继续缓慢增长，宏观经济政策将发挥关键性支撑作用。尽管特朗普政府的贸易、移民和金融政策存在不确定性，东盟新兴经济体的经济增长在适当的宏观经济政策支撑下已触底或正逐渐转暖。东盟低收入经济体（柬埔寨、老挝和缅甸）仍容易受到外部冲击的影响，但在多边和双边发展机构资本流入的支撑下，其经济增长将维持在相对较高的水平。附录2中列出了各经济体的各项主要宏观经济指标。

内需将继续拉动2017年的经济增长，而受到潜在保护主义的影响，出口对经济增长的推动作用预计有限。从图2.2可以看出全球金融危机之后，经济增长明显受到净出口的拖累。私人消费在稳定的劳动力市场、持续的工资增长和借贷扩张支持下成为主要的经济增长动力。受益于宏观经济政策，私人消费前景预期将保持稳定。一些东盟经济体（如马来西亚和泰国）的家庭开支在一定程度上受到可支配收入提高或刺激消费的政策措施支持。日本、韩国和泰国等几个区域经济体的财政刺激为经济增长提供了动力。鉴于美国贸易保护主义情绪高涨，预计来自出口的外部支持有限。美国可能通过撤回对外直接投资从而使制造业回流美国，这也可能拖累本地区依赖贸易的经济体的长期潜在增长。

表 2.1　　东盟与中日韩宏观经济研究办公室于 2017 年 3 月对 GDP 增长和通胀的预测（2017 年和 2018 年）

	经济增长				通胀水平		
	2016 年 e	2017 年 p	2018 年 p		2016 年 e	2017 年 p	2018 年 p
	GDP 年同比（%）				CPI 年同比（%）		
东盟+3 地区	5.3	5.2	5.1	东盟+3 地区	1.7	2.5	2.4
文莱	−2.5	1.6	2.9	文莱	−0.7	0.2	0.6
柬埔寨	6.9	6.8	6.8	柬埔寨	3.0	4.0	4.2
中国	6.7	6.5	6.3	中国	2.0	2.8	2.5
中国香港	1.9	2.3	2.4	中国香港	2.4	1.8	2.0
印度尼西亚	5.0	5.1	5.2	印度尼西亚	3.5	3.8	4.0
日本	1.4	1.3	1.1	日本	−0.1	0.6	0.9
韩国	2.8	2.5	2.6	韩国	1.0	1.8	1.9
老挝	6.9	7.0	7.0	老挝	1.6	3.0	3.8
马来西亚	4.2	4.5	4.6	马来西亚	2.1	2.7	2.9
缅甸	6.0	7.0	7.2	缅甸	6.8	7.1	6.8
菲律宾	6.8	6.8	7.0	菲律宾	1.8	3.1	3.2
新加坡	2.0	2.0	2.2	新加坡	−0.5	0.8	1.0
泰国	3.2	3.4	3.5	泰国	0.2	1.2	1.7
越南	6.2	6.4	6.4	越南	2.7	4.0	3.0

注：e/ 为测算值；p/ 为预测值；日本和缅甸实际 GDP 数据采用的是分别截至 2017 年、2018 年、2019 年 3 月的财政年度。老挝 2016 年实际 GDP 数据采用的是截至 2016 年 9 月的财政年度。其余的数据都采用自然年。对于标题通胀率，缅甸采用的是相应的财政年度。

资料来源：各经济体、AMRO 估计。

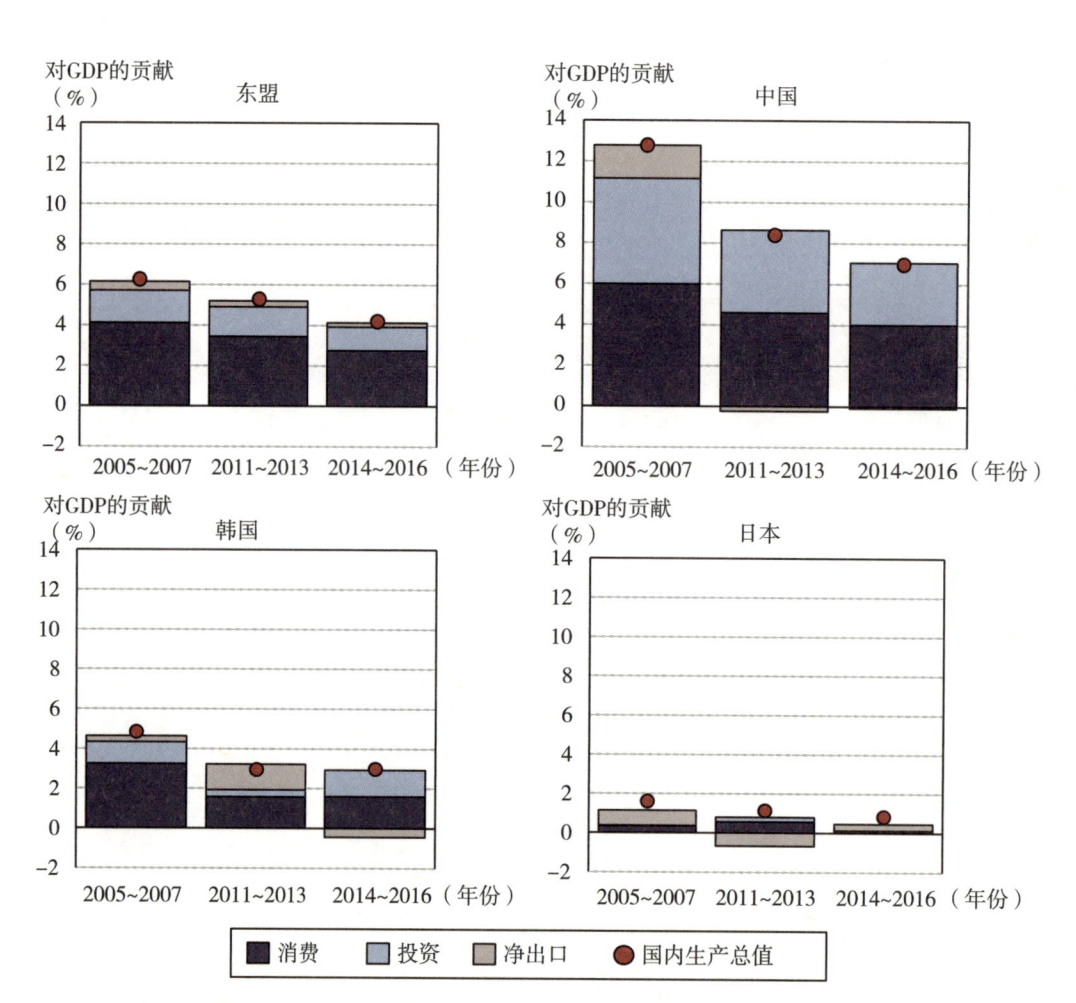

图2.2 区域经济增长主要受国内需求驱动，而近几年净出口
对实际GDP增长的贡献率相对减小

注：存货和数据差异未有体现，数据均以自然年计算（包括日本）。
资料来源：各经济体。

> 与2016年不同，2017年全球局势的转变加剧了风险通过贸易、金融和信心等渠道向区域经济体传染的可能性。

本地区内的商品贸易额明显上升（见图2.3），部分缓解了不断加剧的美国贸易保护主义的冲击。东盟内部贸易占东盟总贸易额的24.0%，而东盟与中国、日本、韩国的贸易占东盟总贸易的份额增至31.2%（见图2.4）。东盟与北美（主要是美国）的贸易占比趋于下降，与欧盟的贸易占比也在降低，但降幅低于与北美贸易的下降程度。另一方面，亚洲外的新兴市场如墨西哥和巴西，与美国的贸易联系则更加紧密（见图2.5、图2.6）。不仅如此，中国和美国吸收了本地区大量的出口，中美贸易紧张程度的升级将通过抑制本地区主要经济体的经济增长和需求，进而对本地区产生负面溢出效应。

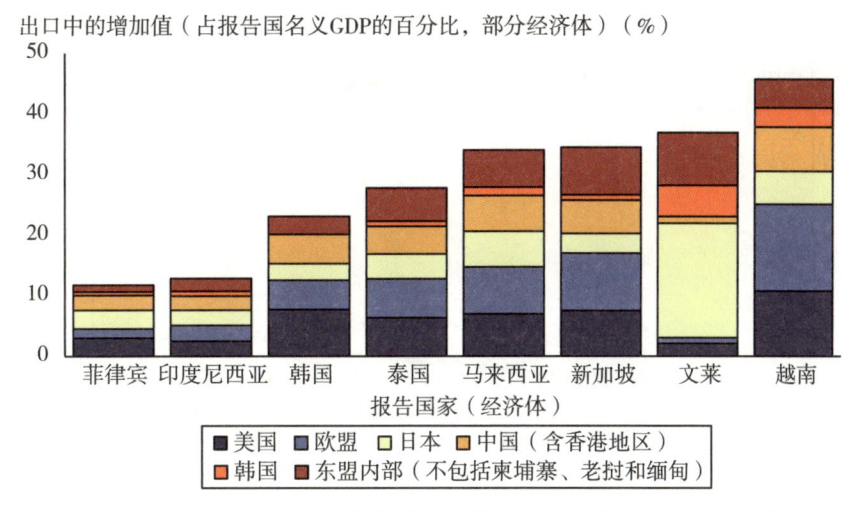

出口中的增加值（占报告国名义GDP的百分比，部分经济体）（%）

报告国家（经济体）

■ 美国 ■ 欧盟 ■ 日本 ■ 中国（含香港地区）
■ 韩国 ■ 东盟内部（不包括柬埔寨、老挝和缅甸）

图2.3 东亚地区是重要的最终产品需求出口目的地（2015年）[25]

资料来源：各经济体、IMF、OECD-WTO 和 AMRO 估计。

占东盟贸易的比例（%）

── 中日韩 ── 北美洲 ── 欧盟 ── 东盟内部 ── 其他新兴市场

图2.4 东盟内部以及东盟与中日韩的贸易增长

资料来源：亚洲地区经济一体化中心（ARIC）。

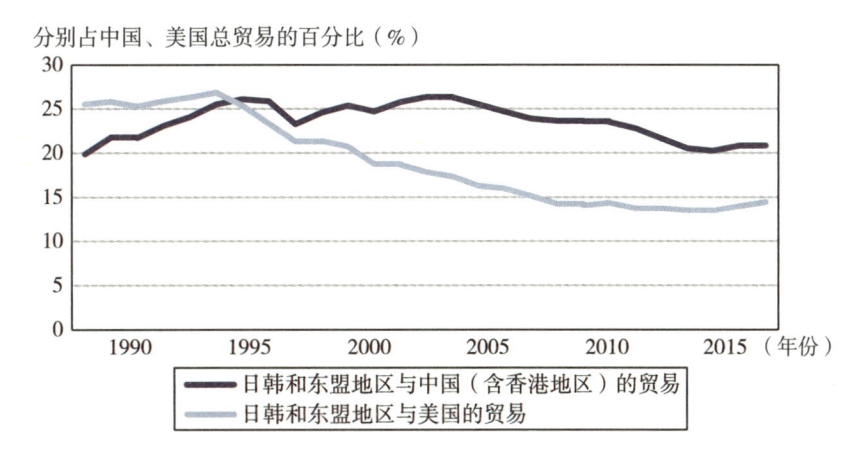

分别占中国、美国总贸易的百分比（%）

── 日韩和东盟地区与中国（含香港地区）的贸易
── 日韩和东盟地区与美国的贸易

图2.5 东盟、日本、韩国和美国的贸易联系在减弱，而与中国的贸易联系在加强

资料来源：IMF。

---

[25] 数据更新至2011年。2015年的估计基于未经变动的生产结构，但在市场份额上有所改变。

图2.6 非亚洲新兴经济体如巴西和墨西哥与中国的经济联系也在不断加强

资料来源：IMF。

与2016年相比，2017年通胀的上升以及全球货币政策的紧缩降低了本地区经济通过宽松的货币政策支持增长的空间。对于本地区实施通胀目标框架的经济体而言，通胀率仍低于需要采取趋紧政策的目标通胀水平（见图2.7）。包括印度尼西亚、韩国和马来西亚在内的一些经济体自2016年初以来已经放松了政策利率，而其他一些国家则保持了目前的利率水平（见图2.8）。[26] 展望未来，考虑到全球油价下跌的影响将减弱，预计通胀将呈现上升趋势，这可能会限制当局通过货币政策来支持经济增长的空间。从外部环境来看，多数区域经济体货币对美元升值，但仍低于2016年初至2016年11月初的水平。新兴市场资本还存在潜在流动性紧缩的风险，这可能将进一步缩减宽松货币政策支持经济增长的空间（见第三节有关政策讨论的部分）。

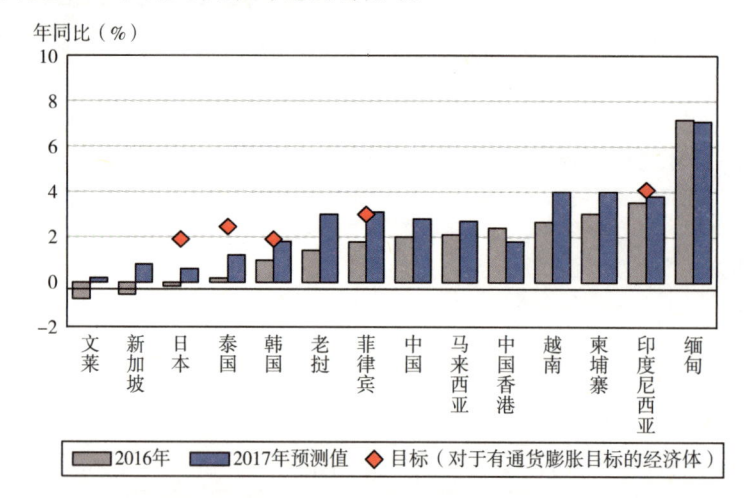

图2.7 通胀率尽管在目标通胀水平以下，但预期2017年将呈现上升趋势

资料来源：各经济体。

---

[26] 中国（2016年3月）和马来西亚等几个地区的央行也下调了银行存款准备金率，以提振金融体系中的资金。

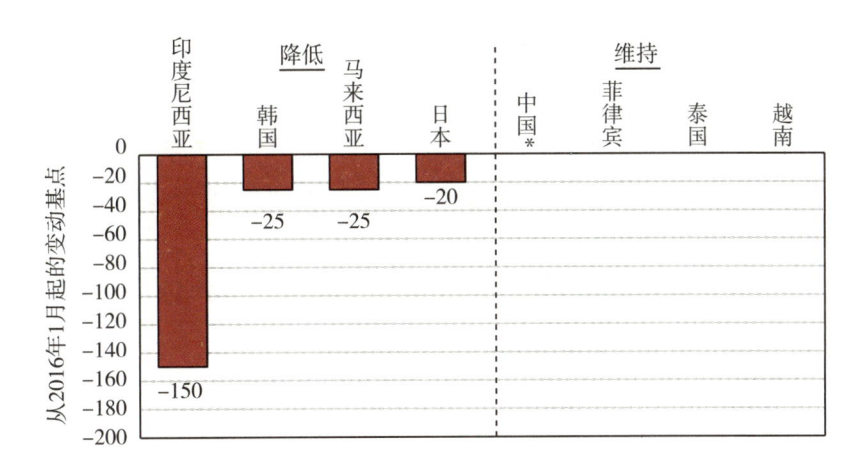

图2.8　通胀率的上升和潜在流动性反转将限制未来货币政策的继续宽松

注：*对于中国，政策利率是指一年期贷款基准利率。

资料来源：各经济体。

财政方面，尽管财政收入增长普遍放缓，但一些经济体已经能够利用重新平衡预算保持扩张性财政立场以支持经济增长。随着大宗商品价格下跌，一些经济体税收收入减少，财政状况紧张，特别是文莱、印度尼西亚、马来西亚、越南、老挝和缅甸。在一些依赖石油出口的区域经济体中，财政当局通过削减燃油补贴（马来西亚和印度尼西亚）、引入替代收入来源如商品和服务税（马来西亚）来弥补石油收入的下降。大多数经济体（中国、日本、韩国、新加坡和泰国）在2016年实施相对较大规模的基本财政赤字和扩张性财政政策来支持经济增长（见图2.9）。

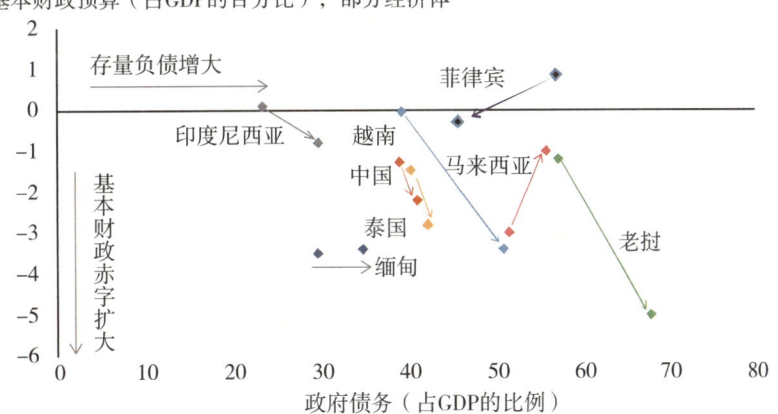

图2.9　一些地区经济体已经能在维持借贷与GDP比重稳定的情况下实施更大规模的基本赤字

注：（1）2016年数据是指预算数。缅甸数据指的是2014年和2016年。对菲律宾、泰国和越南，政府债务仅指中央政府债务。马来西亚2016年的债务—GDP比例数据已根据向公共部门住房融资委员会的219亿林吉特（占GDP的1.8%）的债务转移进行调整。（2）基本财政赤字是财政支出大于财政收入的差额扣除国债利息之后的赤字部分。

资料来源：各经济体、AMRO估计。

总体而言，财政当局能够在不触及债务上限的情况下实施更具扩张性的财政政策。虽然基本赤字有所增加，但由于利率低于经济增长，使得债务与GDP比率并没有上升（见图2.10）。随着2017年全球利率的上升，从债务可持续的角度看，一些经济体的财政政策将受到更多的制约。各经济体必须确保在财政空间缩小的情况下，有效地利用财政资源以最大限度地发挥影响。

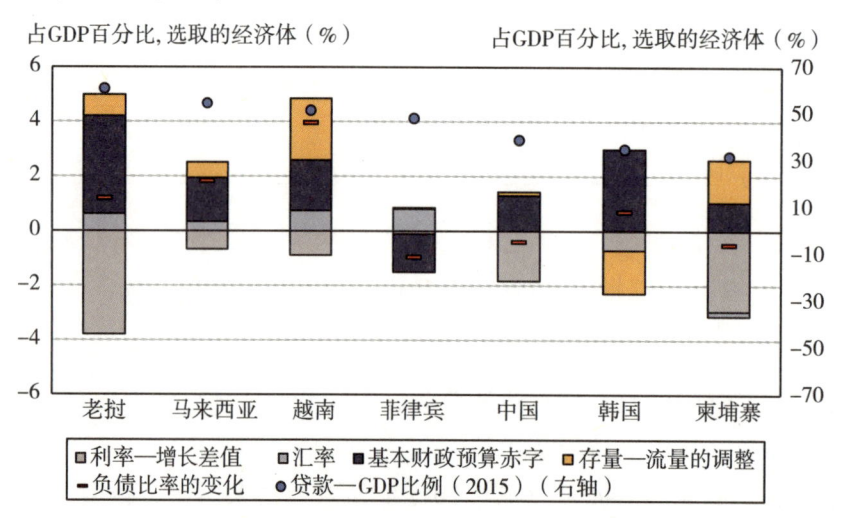

图2.10 债务与GDP比例主要受到更大规模基本赤字的驱动，反映扩张性的财政政策
资料来源：各经济体。

> 在全球持续的超低利率背景下，借款和上升的杠杆支持了私人部门国内需求，这也是货币政策收紧时经济出现脆弱性的原因之一。

低利率下持续的信贷增长导致了一些经济体私人债务和杠杆率的大幅提升。全球金融危机后，大多数区域经济体特别是中国的私营部门信贷存量与GDP的比率较快上升（见图2.11）。在东盟经济体中，如泰国、印度尼西亚、菲律宾和马来西亚，这在一定程度上反映了支持私人消费和房地产投资的家庭借贷的上升。在较小的东盟经济体中，如柬埔寨、缅甸和越南，这反映了非正式贷款开始被纳入监管和信贷统计，并且在一定程度上反映了房地产和建筑等部门信贷的迅速增长。我们使用另外一个衡量标准——信贷与GDP缺口，即信贷增长趋势与GDP增长趋势之间的差距。尽管一些经济体的信贷与GDP缺口在收窄，但信贷积累余额仍然很高。相较而言，信贷与GDP缺口在印度尼西亚和马来西亚较为稳定，这在一定程度上反映了宏观审慎政策发挥了作用，这些政策在房地产市场和消费信贷领域遏制了信贷增长过快（见图2.12）。此外，一些区域经济体中非银行部门的贷款也在增加。

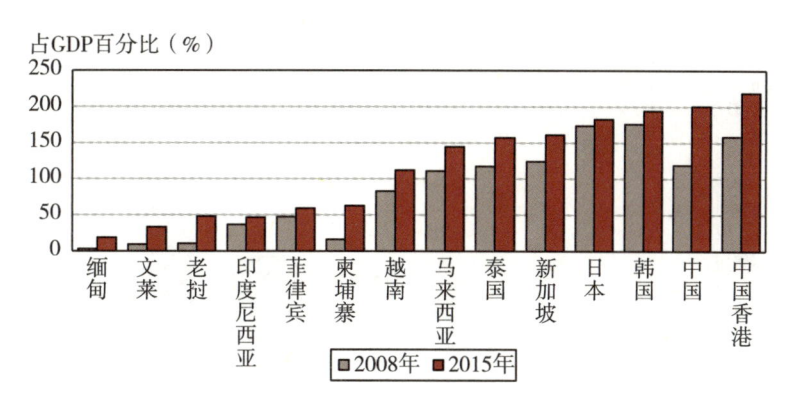

图 2.11　私人部门信贷存量与GDP的比重自2008年以来持续上升

注：私营部门信贷指银行系统向金融和非金融公司和家庭发放的贷款和垫款。
资料来源：各经济体、世界银行。

图2.12　信贷与GDP的缺口不断增加，但速度放缓

注：数据仅包括私人非金融部门。信贷与GDP的缺口是指信贷与GDP比例与其长期趋势之间的差值。趋势通过采用HP滤波获得，其平滑系数lambda=400000，我们只考虑每个时间点的信息。另外，根据国际清算银行数据，如果此差值超过10%则反映银行风险高。
资料来源：国际清算银行。

本地区非金融企业从银行借款，同时还发行了外币债券，在全球货币环境收紧的环境下，一些非金融企业还暴露在外汇风险和信贷展期风险之下。虽然大多数非金融公司的借贷以本币计价，但也有一部分债务以外币计价，特别是美元（见图2.13）。非金融公司也举借美元计价的债务，而其大部分在未来三年内到期。[27]展望2017年，预计美元走强、全球利率升高和更高期限溢价将增加这些非金融公司的外汇风险和信贷展期风险（见图2.14）。一些非金融公司可利用海外收入，[28]或者金融工具对冲外汇风险，而那些没有做对冲的公司在这种环境下再建立对冲头寸的费用就很高。[29]

---

[27] 2016~2020年，中国占本地区外币债务的一半以上。国际金融协会（IIF）估计新兴市场经济体（包括非亚洲新兴市场经济体），已经发行了750.0亿美元外币债务，其中亚太地区占51.4%；中亚、东欧、中东和非洲占31.3%，拉丁美洲占17.3%。

[28] 例如，与外汇负债相比，较低的商品价格和较低的出口数量导致较低的外部收入。

[29] 由于对冲成本在本地区通常较高，在流动性紧缺的压力期间，美元流动性将无法保证或成本非常昂贵。

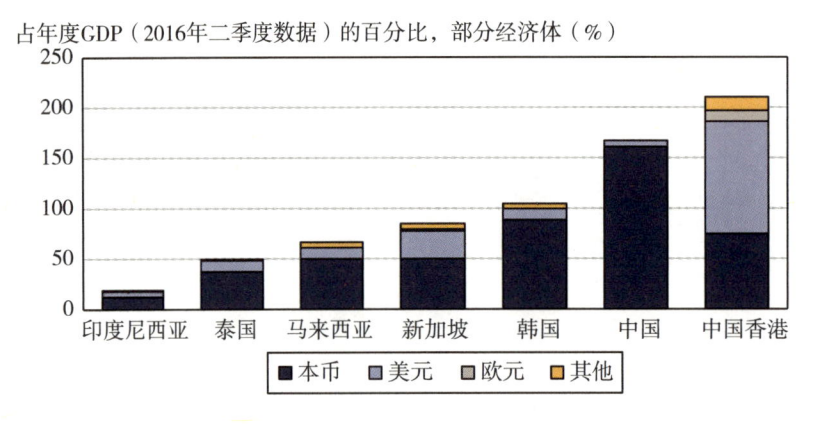

占年度GDP（2016年二季度数据）的百分比，部分经济体（%）

图2.13　大部分非金融公司举债的是本币债务，但也有一部分是外币债务

资料来源：IIF。

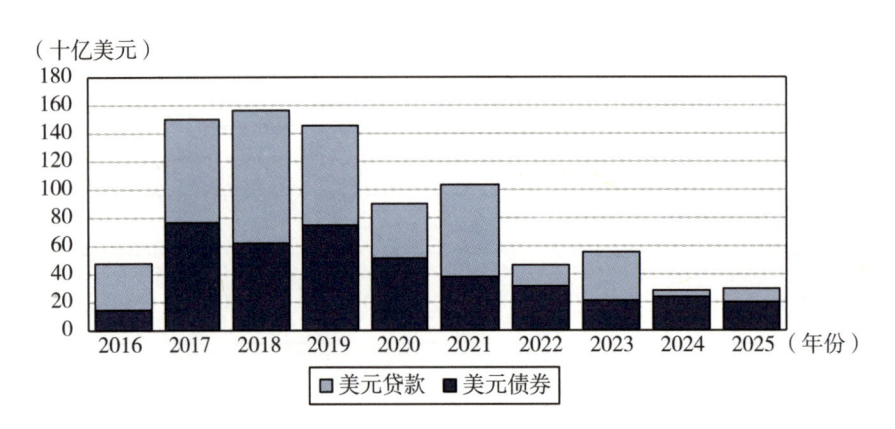

图 2.14　本地区新兴市场大部分美元债在2017~2019年到期[30]

注：数据包括非金融公司和金融公司。本地区亚洲新兴市场包括中国、中国香港、印度尼西亚、马来西亚、新加坡、韩国和泰国。

资料来源：IIF。

目前，本地区银行部门的资本缓冲相对充裕，未来应继续保持下去（见图2.15）。主要原因如下：一是未来利率进入上升通道和全球货币环境收紧可能在未来数年中导致不良贷款和债券违约上升；二是本地区大宗商品和贸易部门的企业一直受到商品价格急剧下降和全球贸易低迷的不利影响；三是在偿债能力方面，以利息覆盖比率[31]衡量，非金融公司中利息不足以覆盖债务的利息支付额（即ICR<1）比例正在上升（见图2.16）。这种还本付息能力的下降意味着未来不良贷款将会增加。此外，非金融机构也通过发行债券举债，如果经济放缓的话，这些债券违约也可能增加。

---

[30]　截至2015年底，美国以外接近10万亿美元的美元债中1/3由新兴市场居民持有。2007年以来，巴西、俄罗斯和中国对非银行借款者的美元计价贷款翻了一倍多。其中1/3的贷款将于2019年底到期。

[31]　利息覆盖比率（ICR）指利息、税项、折旧及摊销前收益（EBITA）的利息支出。利息覆盖比率小于1表明公司没有产生足够的现金支付利息。对于评估公司财务状况的投资者来说，利息覆盖比率至少为1.5通常是一个经验法则。

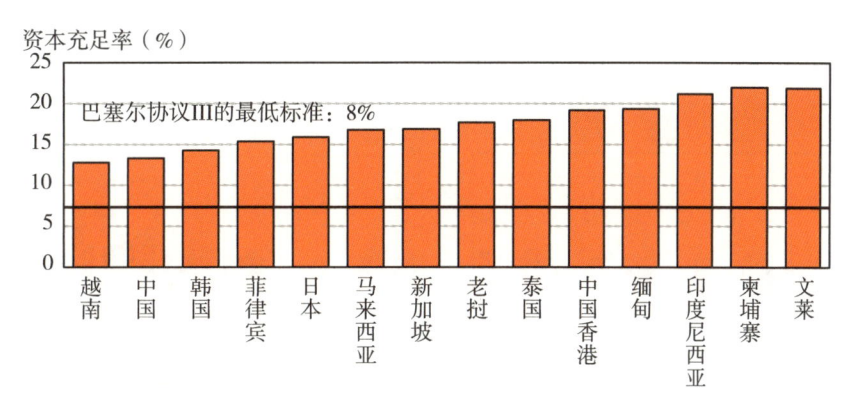

图2.15 区域银行业缓冲资本表现充足[32]

注：采用2016年四季度数据，除了日本（2016年一季度），韩国、马来西亚、印度尼西亚（2016年二季度），新加坡、缅甸、菲律宾（2016年三季度）。

资料来源：各经济体、IMF。

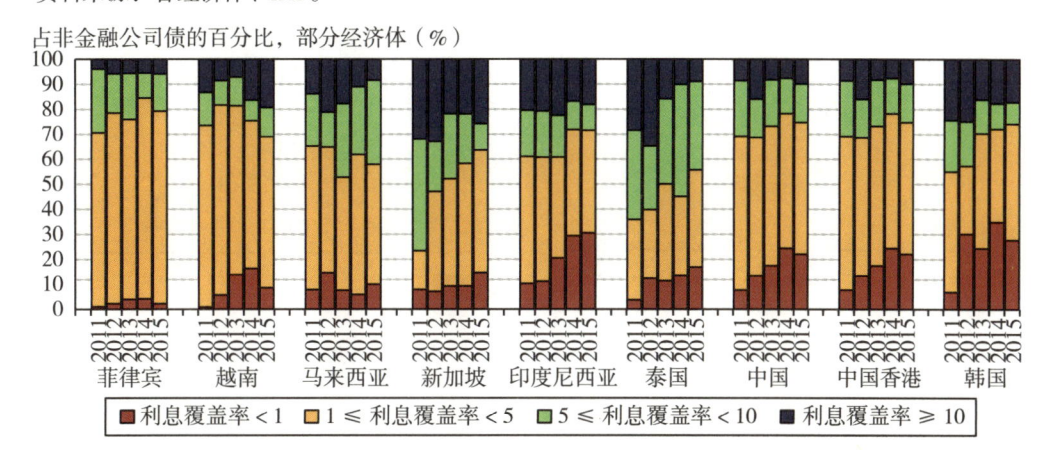

图2.16 非金融公司的偿债能力随着盈利能力的减弱而恶化

资料来源：路透社。

> 一些经济体依靠银行借款或者投资组合流入来平衡经常账户或财政预算，其在面临资本外流的风险时更易受到融资成本上升的影响。

对大多数经济体而言，2016年经常账户收支一直受到进口规模缩减和较低的大宗商品价格的支撑，但预计2017年经常账户盈余将略微下降。对于石油净进口国如中国、日本、韩国、泰国和新加坡，进口相对于出口更快地收缩，这增加了经常账户盈余。相比之下，国内需求的持续增长则促进了进口的持续增长，因此在过去几年中，一些经济体如马来西亚和菲律宾经常账户盈余持续下降（见图2.17）。汇款流入的放缓造成了菲律宾经常账户盈余的下降。考虑到美国是世界上最大的汇款来源国，特朗普限制移民的政策会对侨汇前景产生消极的影响，进而带来经济下行风险。在较小的东盟经济体（柬埔寨、老挝和缅甸），由于大量持续资本流入支持了经济发展，经常账户赤字将持续存在。AMRO预测2017~2018年这些较小东盟经济体的经常账户赤字将略有扩大。

---

[32] 对于一些国家，例如老挝，这个数字是基于《巴塞尔协议Ⅰ》的标准。

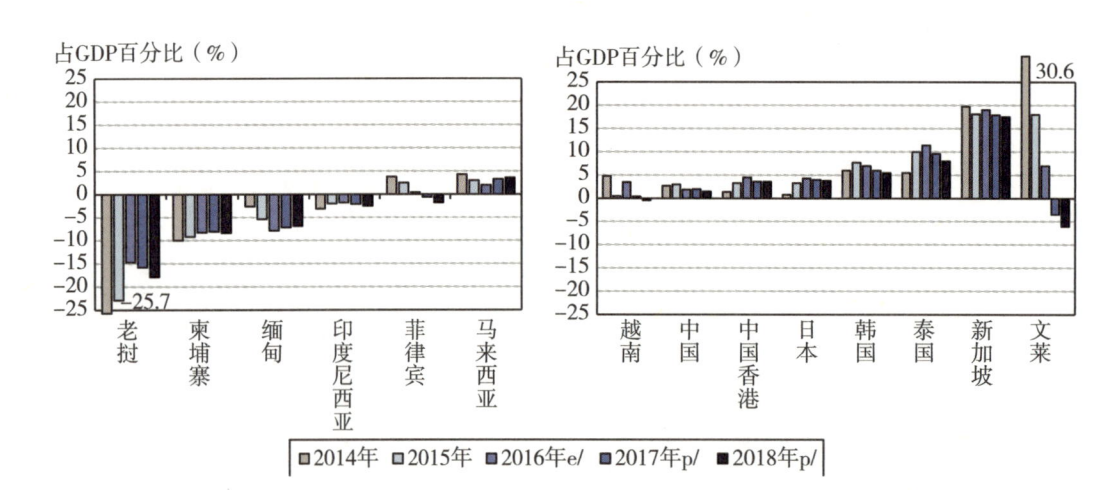

图2.17 一些新兴的东盟经济体的经常账户盈余已经收窄

注：e/测算；p/预测。对于缅甸，2018年测算值指的是截至2018年3月的财年。
资料来源：各经济体、AMRO估计。

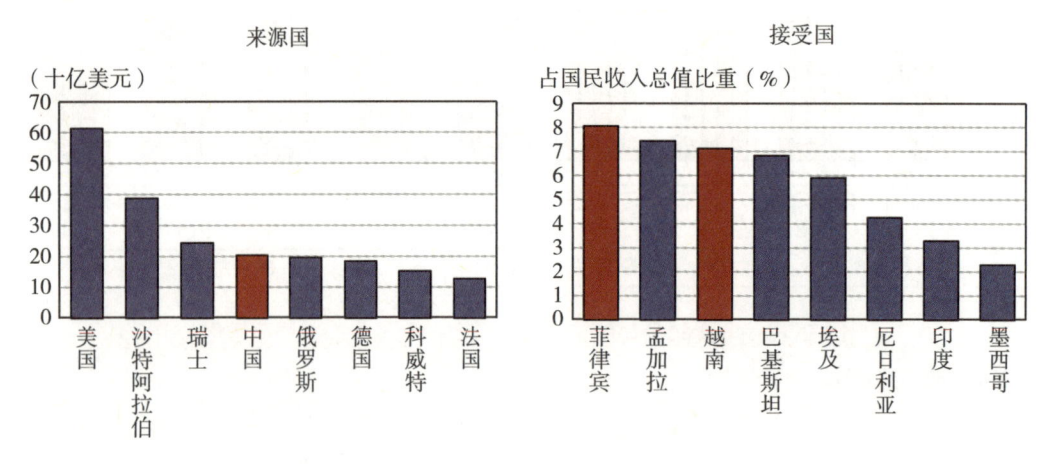

图2.18 美国仍然是世界上最大的汇款来源国

资料来源：世界银行。

对于那些通过由投资组合流入来为其经常项目赤字和财政赤字提供外部融资的经济体，2017年全球货币政策紧缩以及金融市场不确定性将给其融资活动带来风险。特朗普当选后，美国国债收益率大幅上涨，引发了新兴市场（包括本地区新兴市场）主权债券收益率的上升（见图2.19）。此外，在一些本地区新兴市场中的外国投资者持有很大比重的本币主权债券（见图2.20）。在投资者情绪悲观的情景下，外资容易受影响从而减少这些债券的持有量。在美国大选后的几周内，新兴市场地区（韩国、泰国、印度尼西亚、马来西亚及菲律宾）在资产价格（货币、股票和债券市场）下降时，出现大量资本外流（见图2.21）。相比之下，较小的东盟经济体（柬埔寨、老挝和缅甸）更依赖外商直接投资和优惠性的官方融资，所以较小程度受到私人投资组合流动的影响。对这些国家而言，为促进经济发展，其面对的挑战主要是如何保持其官方融资能力和增强对外资的吸引力。

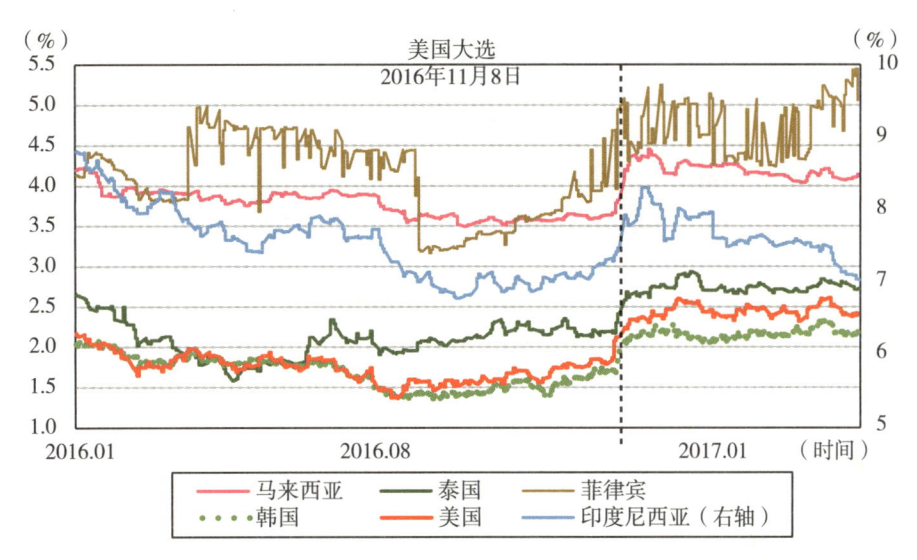

图2.19 主权债券收益率在特朗普当选后飙升

资料来源：路透社。

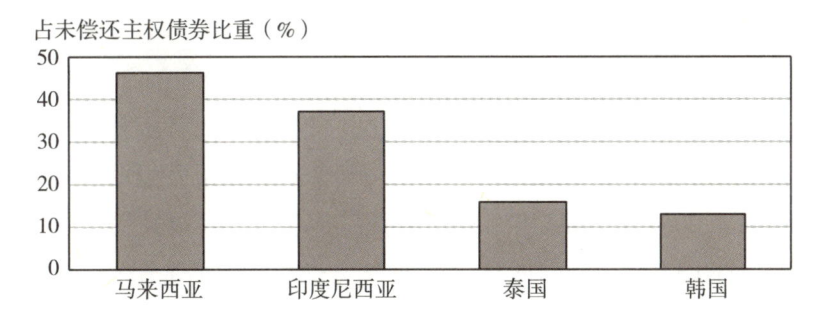

图2.20 外国持有的某些新兴市场地区的本币主权债券规模巨大

注：数据仅指外资参与本币主权证券。数据不包括政府投资和马来西亚国家银行票据（马来西亚）、国有企业债券和泰国银行债券（泰国）、印尼银行票据（印度尼西亚）和韩国的货币稳定债券（韩国）。数据截至2016年12月。

资料来源：各经济体。

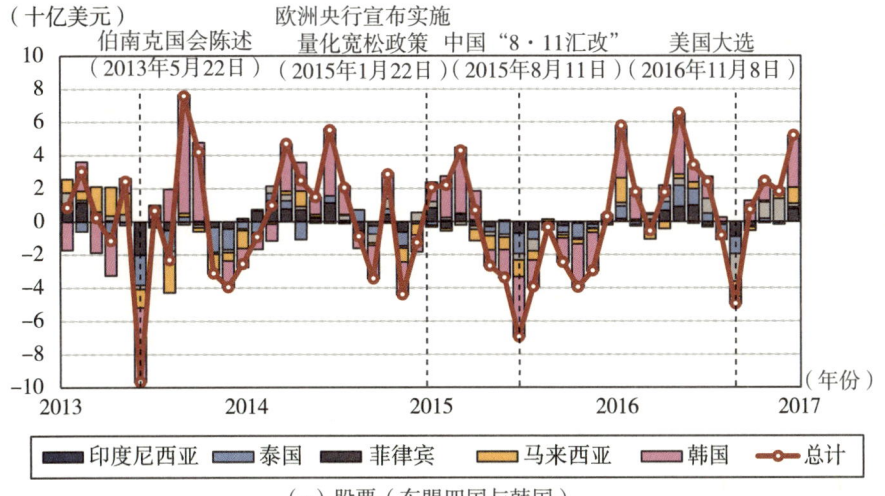

（a）股票（东盟四国与韩国）

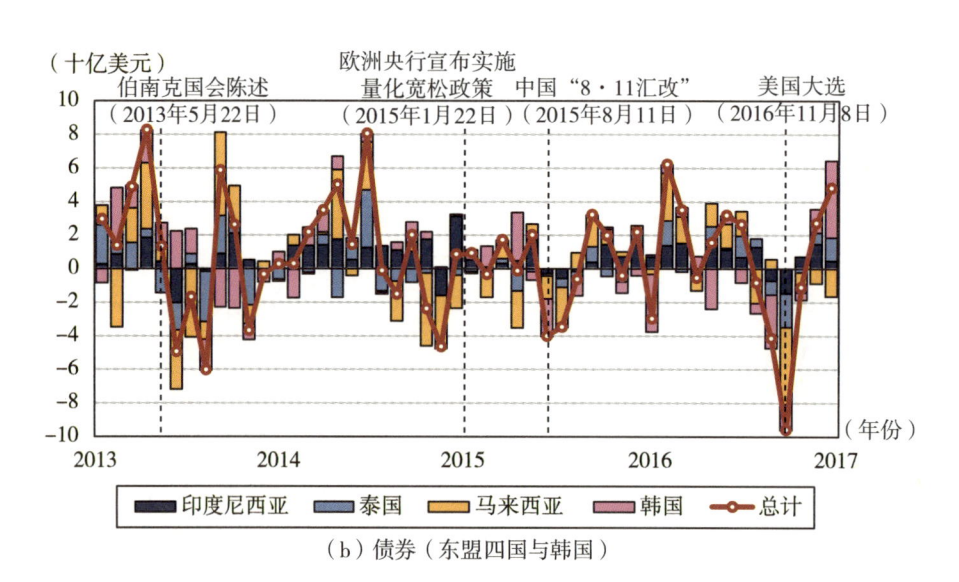

图2.21 特朗普当选期间，东盟主要新兴市场的非居民资本由净流入转为净流出，但自2017年1月起又恢复为净流入

注：股票数据截至2017年3月底，债务数据截至2017年2月底。
资料来源：各经济体。

从传统的进口覆盖率和短期外债覆盖率看，东亚整体的外汇储备较为充足，外储规模在未来仍需保持在一个合理水平，以应对市场避险情绪升温时潜在的资本外流压力。区域经济体自2008年以来积累了外汇储备，其总体上可以覆盖9个月的进口和3.2倍的短期外债（见图2.22）。如前所述，外资在一些经济体的金融市场（如本币主权债券），投资比重较大（见图2.20）。若市场避险情绪高涨，外资迅速平仓且资本外流，可能会给这些经济体的汇率及外汇储备造成额外压力。近年来，由于本地区汇率政策更加灵活，这在抵御外部冲击中发挥了更大作用。提高汇率灵活性加上适当的汇率干预以放缓调整步伐仍为2017年应对外部冲击风险的恰当措施。这在市场可能会对外汇储备下降产生过度反应（忽视外储绝对规模充足）时尤其如此。[33] 专栏B比较了东盟四国（马来西亚、泰国、印度尼西亚和菲律宾）与韩国以及本地区以外的其他新兴市场间近期投资组合资本流动情况。

---

[33] 外汇储备充足的市场预期也发生了变化，市场将外汇储备下降视为脆弱性的标志。在马来西亚，外汇储备下降到短期外债覆盖水平是由于按照国际标准重新定义了外债。它现在还包括了非居民持有的以当地货币计价的票据和其他与债务有关的非居民资金流动，如贸易信贷、货币和存款以及其他贷款和负债。

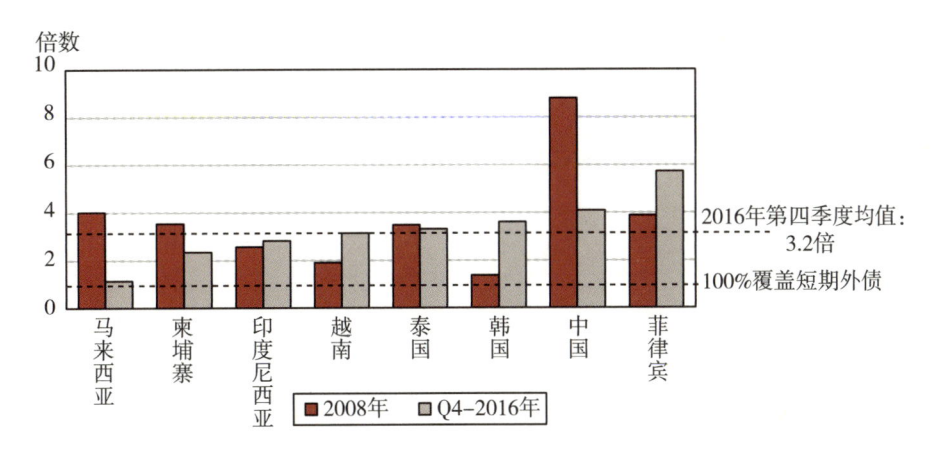

注：近期数据指的是2012年（越南）、2014年（柬埔寨）、2015年（文莱）和2016年第三季度（缅甸）的数据。对于缅甸和老挝，数据包括了货物贸易和服务贸易的进口额（AMRO计算）。考虑到日元是储备货币之一，故图中没有包括日本。

资料来源：各经济体、AMRO ERPD Matrix。

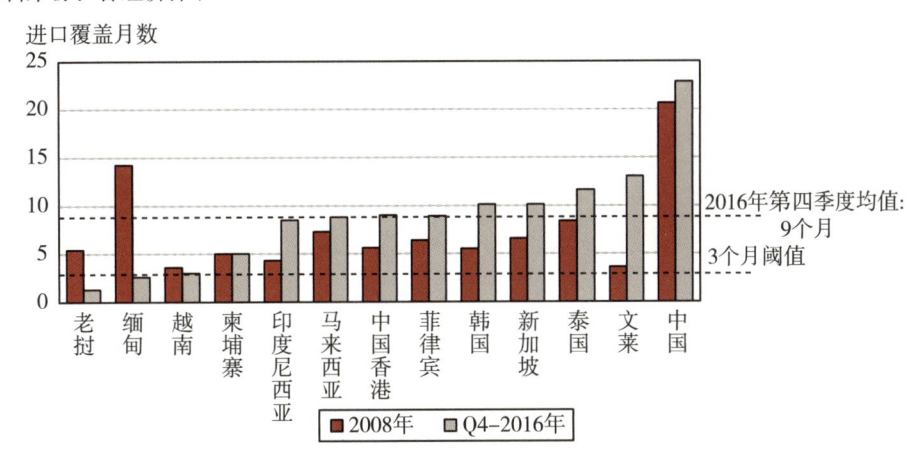

注：近期数据指的是2012年（柬埔寨）、2016年第三季度（中国）、2014年和2016年（越南）的数据。一些成员国参考第六版《国际收支和国际投资头寸手册》进行统计（如马来西亚），故其短期外债指标包含了非居民持有的本币债券。

图2.22　根据进口覆盖率和短期外债覆盖率，外汇储备较为充足

专栏B

非居民投资组合资本流动的近况
（东盟四国、韩国以及其他新兴市场经济体间的比较）

新兴市场的资本流入一直受到国际因素的影响。自2013年5月中旬美联储声明引发"削减宽松恐慌"以来，在所有资产类别的重新定价风险过程中，非居民投资组合资本流出的风险尤为突出。本专栏讨论了全球新兴市场（东盟四国、韩国和其他非亚洲新兴经济体，即巴西、墨西哥、俄罗斯、南非和土耳其）资本流动的主要驱动因素的演变，比较了各国宏观经济基本面，并强调了维护金融稳定、保持经济韧性的重要性。

本地区新兴市场（东盟四国与韩国）的资本流动受以下因素影响[34]（见图B1）：

---

[34] 亚洲开发银行研究所（Chantapacdepong and Hemvanich）：《过去十年间资本流入亚洲的模式》，2016年6月。

图B1 后亚洲金融危机时期，资本在多种因素驱动下流入新兴市场

资料来源：EPFR。

- 基本面：这些地区的经济基本面在亚洲金融危机之后有了显著改善。全球金融危机爆发后，全球资金在本地区新兴市场积极寻求高收益。与此同时，这些经济体发展前景逐渐向好，吸引了大量的资本流入。

- 主要发达经济体的非常规货币政策：

（1）量化宽松：随着发达经济体开始实施量化宽松政策，国内利率接近零水平。发达经济体和新兴经济体在利率、债券收益率和经济基本面上存在差异，这些差异在投资组合对调整配置新兴市场资产方面发挥了重要作用。投资者对于新兴市场资产的风险意识逐渐下降。

（2）正常化（美联储）：美联储并没有很好地向市场表达其非常规货币政策正常化的意向，这给新兴市场（尤其是2013年美联储声明引发的"削减恐慌"对"脆弱五国"）造成了巨大压力。本地区同期也经历了大量资本流出，但情况没有其他新兴市场严重，因为本地区经常账户相对平衡，且外资持有的资产的脆弱性较小。充足的对外盈余及外汇储备帮助本地区减缓了"特朗普恐慌"期间（2016年11月）的市场波动（见图B2）。

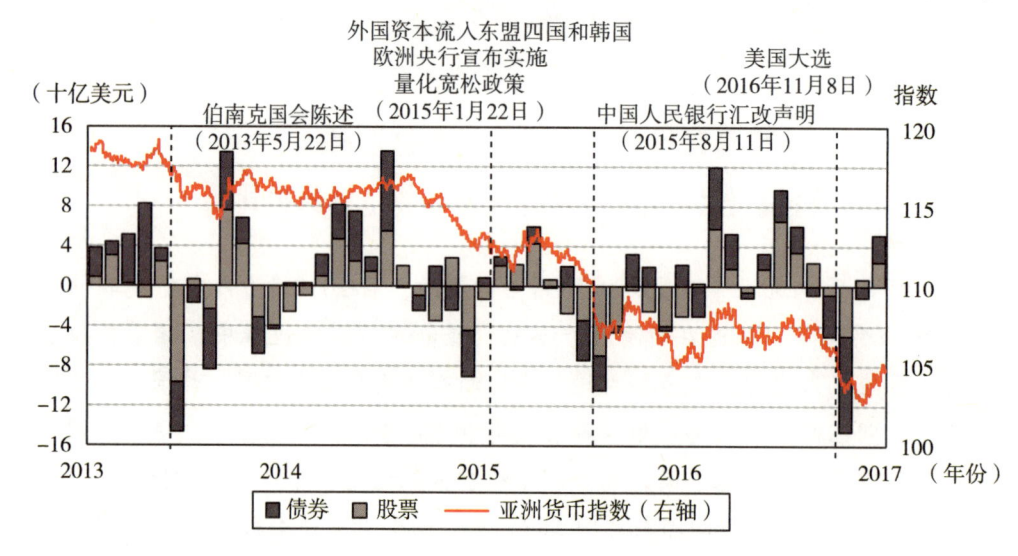

图B2 近期，这些地区已能更好地抵御外部冲击

亚洲金融危机之后，在金融稳健性方面，本地区加强了金融部门的缓冲机制与风险管理，拥有足够的金融缓冲/流动性支持，以抵御不利冲击。本地区建立了资本较充足的银行体系[35]。尽管近期银行体系面临贸易和能源相关部门的风险，但仍然保持稳健。充足的外汇储备帮助本地区缓解了一些不利冲击（见图B3），健全的金融监管体系为储户和金融稳定提供了保障。

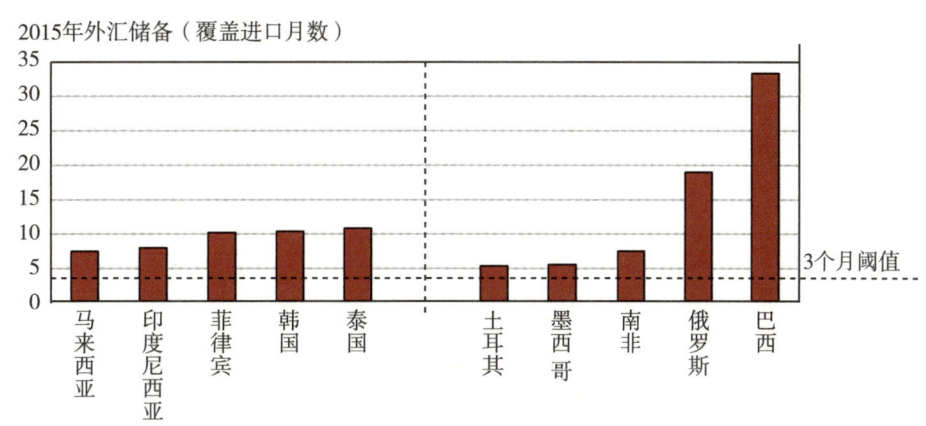

图B3　东盟四国与韩国的外汇储备高于墨西哥、土耳其和南非

资料来源：AMRO ERPD Matrix、各经济体、AMRO估计。

本地区监管机构为发展国内资本市场所做的努力有助于缓解资本波动的影响。诸如深化本币债市发展的倡议有助于降低经济体对短期外债融资的依赖，降低货币错配风险。图B4反映了不确定性上升时期外资对主权债券的持有量与货币币值的负相关关系。总体而言，随着本币资本市场的强劲增长，系统性风险有所减弱。

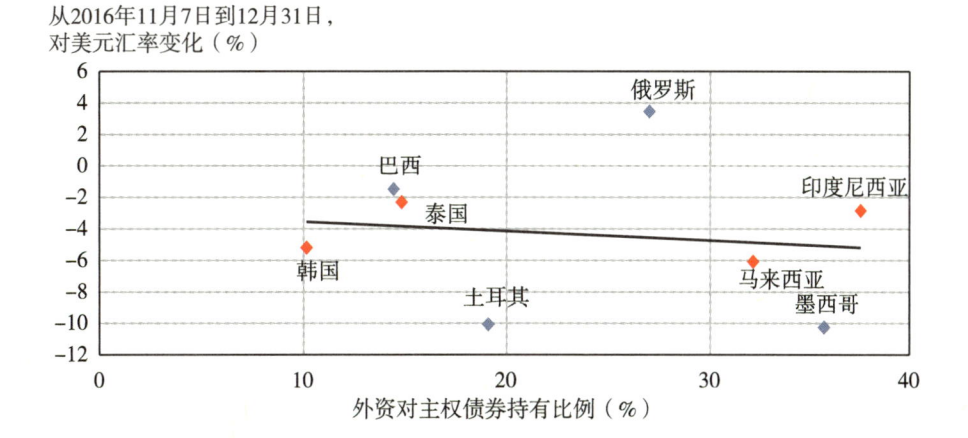

图B4　美国大选后，外资对债券持有量较高的新兴市场货币下跌更多

资料来源：AsianBondsOnline、彭博。

本地区新兴市场经济体逐渐强化了宏观经济政策框架，提高了政策执行力度。通过这

---

[35] 穆迪评级机构对亚洲新兴经济体的压力测试报告：对亚洲新兴市场银行业进行的压力测试表明，大多数银行具有韧性，但也有部分存在风险，2016年12月。

些努力，本地区实现了比较好的公共财政和国际收支，为未来争取了政策调整空间（见图B5）。本地区当局还加强了在宏观经济监测、危机防范和信息共享等领域的金融合作。[36]

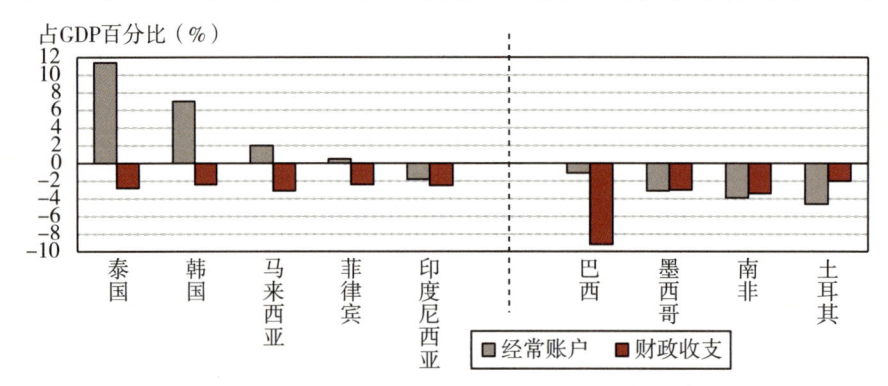

图B5　经常账户和财政状况的改善可为经济体提供更多政策空间

注：韩国的财政平衡是指调整后的平衡，不包括社会保障基金。
资料来源：AMRO估计、彭博。

未来，鉴于短期风险可能会在资本市场造成更大动荡，政策制定者需保持警惕以及时应对。主要风险包括反全球化情绪高涨导致的全球贸易增长放缓、发达经济体的货币政策紧缩以及2017年要开展大选地区（如欧洲）的政策不确定性。为应对这些风险，政策制定者增加了多种政策工具如宏观审慎政策和（或）资本流动管理措施。

三、政策讨论

> 尽管当前东亚基本面形势较好，但在将来一段时间内，周期性因素不利于经济发展，同时地区政策制定者的政策空间也在缩小，政策制定者将在经济增长与金融稳定目标之间进行更为艰难的权衡。

区域经济体因经济基本面较好而能抵御外部挑战，这得益于早期的改革和结构调整。然而，随着大宗商品价格上涨结束、信贷增长放缓以及外国资本流入的势头减弱，一些区域经济体的发展速度有所下降。与此同时，家庭和企业债务增加、房价高企、企业盈利能力下降、不良贷款上升等因素给政策制定者带来了金融稳定方面的挑战。考虑到全球信贷周期的变化、美元走强及其带来的资本外流风险，再加上一些区域经济体的政策空间正在缩小，宏观经济政策的制定愈发受外部形势制约。

---

[36] 亚洲开发银行研究所（kawai and Morgan）：《亚洲地区金融监管》，2014年2月。

> 2017年，全球货币政策的收紧及通胀率的上升，会限制区域经济体用货币政策来支持经济发展的力度，这对于已经积累了金融脆弱性的国家来讲尤为明显。实施针对性的宏观审慎政策有助于对货币政策形成互补，维护金融稳定。

随着全球货币政策的收紧，新兴市场的货币政策也将在经济发展风险加大时收紧。特朗普当选总统后，美国国债收益率大幅上升，美联储加息预期升温，美元大幅升值，这对新兴市场形成了考验。2017年面临的风险源于投资者的投资组合从新兴市场的撤出，这将导致大量资本外流、汇率过度贬值或储备损失。在这种情景下，压力可能在本地区内部通过信心渠道传导并形成反馈，从而导致形势的进一步恶化。

全球通胀率上升主要体现在近期大宗商品价格上涨，并取决于从进口价格到国内价格的传导程度，这可能进一步引起政策制定者关注。2016年底以来，部分区域经济体能源价格上涨已经开始推高其通胀率。随着生产价格的回升，区域大宗商品净进口国近期通胀率将逐渐回升。为遏制这些成本端的压力进一步上升，本地区中央银行可能需预先采取措施，调整其货币政策宽松力度。

面临金融脆弱性、有高额债务或外债的经济体将在维持宽松货币政策以支持经济发展和维护金融稳定之间做出艰难权衡。随着利率上升，那些国内私人信贷占GDP比重较大的经济体将面临比预期更为严峻的债务偿还负担。此外，短期外债占比较大的经济体更容易受到外币借贷成本上升和贷款展期风险的影响。

图3.1从两个维度描绘了本地区经济体的有关情况：以经济体内信贷占GDP之比为纵轴，短期外债占外汇储备的比例为横轴。越往图右上方，表明经济体信贷和外债占比越高，其面临的货币政策限制程度越大。但是，关于这个框架有两点值得注意。第一，中国香港、新加坡等金融中心的短期外债占比可能较高，但不一定意味着其有更高的脆弱性。第二，东盟发展中经济体以及东盟四国新兴市场经济体，如柬埔寨、老挝、缅甸、越南和东盟四国的菲律宾和印度尼西亚等国家，其经济体内信贷的累积部分可归因于之前金融深化不足。

结合上述说明，不难理解部分经济体的信贷占GDP比例自2011年来一直在上升。虽然东盟主要经济体的信贷增速近期有所放缓，但其私人部门债务水平仍相对较高。从短期外债占外汇储备之比来看，本地区新兴市场经济体目前的债务水平总体可控。这些地区新兴经济体的央行应转向略微收紧的货币政策从而维护金融稳定，同时采取更灵活的汇率应对冲击。对于国内金融市场外资参与度较高和（或）外部融资总需求较高的经济体，政策制定者需坚持实施较为紧缩的货币政策，并确保债券收益率由市场决定，尽管这样做会对短期经济增长有所影响。

经济体内信贷占GDP比例（2015年）（%）

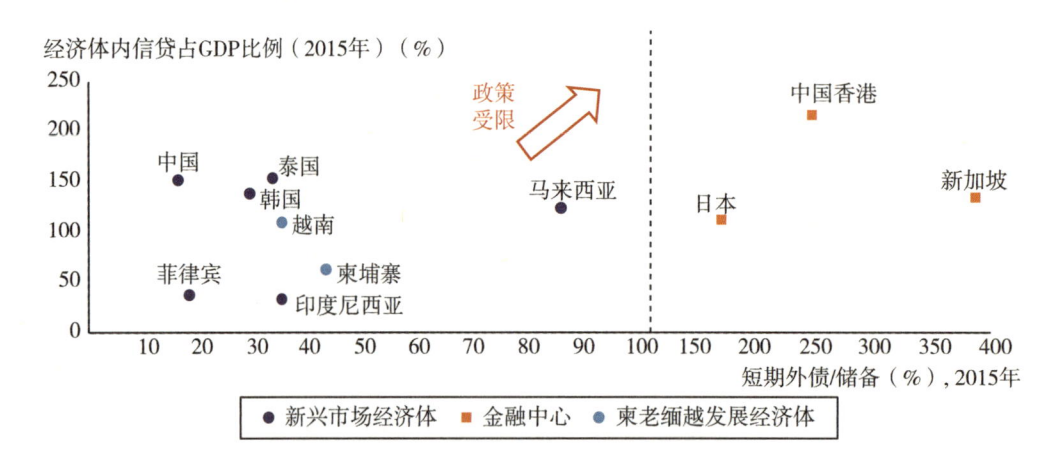

图3.1 金融脆弱性较高的经济体所受限制较大

注：经济体内信贷是指金融部门提供的私人信贷。短期外债是指应在一年或一年以内支付却未偿还的短期债务（原始到期期限）和未偿还的长期债务（原始到期期限）。文莱、老挝和缅甸没有可获得的短期外债数据。信贷总储量包括黄金储备。对新加坡而言，新加坡政府的借款不是用于财政支出，发行新加坡政府证券（SGS）是为了发展国内债务市场，发行新加坡政府特别证券（SSGS）是专门为了满足中央公积金委员会的投资需求。

资料来源：各经济体。

由于货币政策存在制约，区域政策制定者应重新调整有针对性的宏观审慎政策措施，以维护金融稳定和支持经济增长。例如柬埔寨等大量使用美元的经济体，货币政策不一定是有效的政策工具，这些经济体必须更多地依赖适当的宏观审慎政策。宏观审慎政策已经成为更广义宏观经济政策调整的有益补充，而不是替代。贷款估值比（LTV）、限额偿债比率（DSR）和单一借款人限额（SBL）等宏观审慎措施有效减缓了债务的过度累积，抑制金融部门潜在的系统性风险，因此可继续择机使用。然而，随着利率上升，可能需要及时调整措施以为房地产市场提供适当支持。[37]同样，在银行部门，一些区域经济体应重新对逆周期资本缓冲以及对金融部门审慎监管进行评估。

> 尽管财政政策空间普遍缩小，部分经济体还受到财政规则限制，但财政政策必须发挥更大的作用以缓解实体经济的下行风险。

随着全球货币形势的收紧，美国国债收益率上涨已推高本地区的主权债券收益率，从而增加融资成本。[38]这表明政策制定者需为更高的借款成本和偿债负担做好准备。

---

[37] 在主要发达经济体实施非常规货币政策期间，本地区新兴市场一直在积极采取有针对性的宏观审慎政策措施来维护金融稳定，这些措施总体来说是有效的。在全球利率上升的背景下，区域政策制定者现在面临着正常化或解除部分早期实施的宏观审慎政策措施的挑战。

[38] 美国长期利率同时影响全球基准收益率和全球投资者风险偏好，而这二者是新兴经济体在本地市场和全球市场发行债券定价的重要决定因素。随着外资更多地参与区域经济体（本币）主权债券市场，收益率曲线长端对全球因素的敏感度有所上升。

那些在经常账户和财政收支均依赖外部融资("双赤字")的经济体在试图扩大财政政策时将面临更严格的融资约束。图3.2从两个维度描绘了本地区经济体情况:纵轴表示经常账户余额占GDP的比例,横轴表示财政收支占GDP的比例。所处位置向左下方走低的经济体,也就是那些不得不为其经常项目赤字和财政赤字融资的经济体,其融资约束将会增加。

经常账目平衡(占GDP百分比,%),2016年

财政收支平衡(占GDP百分比,%),2016年

财政政策融资进一步受限

● 新兴市场经济体　■ 金融中心　● 柬老缅越发展经济体

图3.2 "双赤字"经济体在实施财政政策过程中面临最大的融资限制

注:柬埔寨、老挝和缅甸的数据包含捐赠。韩国的财政收支是经过调整后的,不包括社会保障基金的数据。
资料来源:各经济体、AMRO估计。

公共债务较低、对外头寸良好的区域经济体可以考虑维持适度的财政扩张。考虑到相对充足的财政空间和较好的对外头寸情况,中国、韩国、新加坡和泰国当局可考虑维持适度的财政扩张以支持短期经济增长,同时有针对性地采取扩张性举措促进结构改革进程。如果经济增长大幅放缓,则可考虑实施更具扩张性的财政刺激计划,前提是该计划不会影响中期财政整顿计划。

受限于财政规则,部分区域经济体(印度尼西亚和菲律宾)的扩张性财政支出需要通过增加税收来维持。还有部分经济体已经开始实行增税改革或重新确定支出优先次序,这些措施需进一步加强。首先,如果不进一步提高债务占GDP的比例,其财政空间或许会受到限制(如马来西亚和越南)。即便财政政策的立场保持不变,汇率贬值也可能使债务占GDP的比例上升。因此,当局可能对大幅的基本财政赤字采取更为谨慎的态度。其次,即便是在债务占GDP的比例相对较低的经济体(如印度尼西亚和菲律宾),具有约束力的财政规则也将限制财政刺激,例如中央政府财政赤字的上限为GDP的3%。最后,在一些财政空间相对充足的经济体中,财政稳健被当作一个国家目标,当局倾向于采取财政保守性政策,在收入超预期下降时减缓支出。

在财政状况预期比较弱的经济体中,首要考虑的措施应为调整并重新平衡现有支出计划的优先次序。这种侧重于提高效率和效益的财政中性政策可促进经济增长,且不耗费额外的重要财政资源。部分经济体已经实施这样的税收中性或增税改革措施。尤其是在那些经济体量较小的东盟经济体(如柬埔寨和缅甸)。"双重"赤字反映了这些经济体的相对落后的发展阶段，由于经济增长相对强劲，其政策重点仍将是整合财政和调整支出优先次序/重新平衡支出。这些经济体的外部融资主要是来自多边开发银行或主权政府的长期优惠贷款或双边贷款，资金来源相对稳定。

> 总之，我们对政策组合的建议是保持现有的货币政策，以保留空间应对不断收紧的全球货币环境，而在具备财政空间的情况下使用财政政策促进经济增长。

本地区各经济体的政策组合将取决于其所处经济周期的政策刺激需求，以及可用的货币和财政空间。货币政策方面，总体建议是在当前状况下保持相应的货币政策，对于那些信贷增长高的经济体（如柬埔寨、老挝、缅甸和越南）可能需要采取更多有针对性的政策，如宏观审慎措施和更紧缩的货币政策。同样，对于财政政策，虽然总体建议是在有空间的情况下推行扩张性财政政策，但对于那些外部冲击对财政收入形成挑战的经济体（如文莱和马来西亚），可能需要优先考虑实施财政整顿计划。在调整这些宏观经济政策时，关键是当局与市场有效、明确的政策沟通，以通过影响市场预期来提高政策效能。

鉴于短期需求管理政策的局限性，政策制定者迫切需要加快结构性改革。随着全球贸易放缓和政策空间的制约，加快结构改革对维护和增强经济增长潜力至关重要。政策重点是提高生产率和效率，以最大限度地提高现有资源的产出率，同时消除增长的障碍，例如可以通过进一步放松管制，精简行政程序，改善软硬基础设施，加强公共部门管理和改善法律环境，以及加强收税管理来降低经营成本。放松劳动力市场监管可以增加劳动力市场的灵活性，例如鼓励灵活的工作时间，进一步促进女性进入就业市场，为青年创造更多的正式工作以及就业机会。这些供给侧的政策承诺对于增强增长潜力和经济韧性至关重要。

四、附录：主要宏观经济指标（预测数据为2017年3月估算）

	2015年	2016年e/	2017年p/	2018年p/
文莱				
实际GDP增长率（%/年）	−0.4	−2.5	1.6	2.9
通胀率（区间平均值，%/年）	−0.4	−0.7	0.2	0.6
经常账户余额（%/GDP）	18.0	7.0	−3.5	−6.1
中央政府财政收支（财政年度，%/GDP）	−15.4	−13.1	−11.6	−7.0
柬埔寨				
实际GDP增长率（%/年）	7.0	6.9	6.8	6.8
通胀率（区间平均值，%/年）	1.2	3.0	4.0	4.2
经常账户余额（%/GDP）	−9.3	−8.3	−8.2	−8.5
各级政府财政收支（不包括捐赠，%/GDP）	−2.6	−2.5	−1.5	−1.5
中国				
实际GDP增长率（%/年）	6.9	6.7	6.5	6.3
通胀率（区间平均值，%/年）	1.4	2.0	2.8	2.5
经常账户余额（%/GDP）	3.0	1.9	2.0	1.5
中央政府财政收支（%/GDP）	−2.4	−3.0	−3.0	−3.0
中国香港				
实际GDP增长率（%/年）	2.4	1.9	2.3	2.4
通胀率（区间平均值，%/年）	3.0	2.4	1.8	2.0
经常账户余额（%/GDP）	3.3	4.5	3.6	3.6
政府财政收支（财政年度，%/GDP）	0.6	3.7	0.6	0.6
印度尼西亚				
实际GDP增长率（%/年）	4.9	5.0	5.1	5.2
通胀率（区间平均值，%/年）	6.4	3.5	3.8	4.0
经常账户余额（%/GDP）	−2.0	−1.8	−2.1	−2.5
中央政府财政收支（%/GDP）	−2.6	−2.5	−2.4	n.a.
日本				
实际GDP增长率（财政年度，%/年）	1.3	1.4	1.3	1.1
通胀率（区间平均值，财政年度，%/年）	0.2	−0.1	0.6	0.9
经常账户余额（财政年度，%/GDP）	3.1	3.4	4.0	3.8
中央政府财政收支（财政年度，%/GDP）	−2.7	−2.5	−2.0	−1.8
韩国				
实际GDP增长率（%/年）	2.8	2.8	2.5	2.6
通胀率（区间平均值，%/年）	0.7	1.0	1.8	1.9
经常账户余额（%/GDP）	7.7	7.0	6.0	5.5
中央政府财政收支（不包括捐赠，%/GDP）	−2.4	−2.4	−2.0	−1.4

东亚区域宏观经济展望与挑战

续表

	2015年	2016年e/	2017年p/	2018年p/
老挝				
实际GDP增长率（财政年度，%/年）	7.6	6.9	7.0*	7.0*
通胀率（区间平均值，%/年）	1.3	1.6	3.0	3.8
经常账户余额（%/GDP）	−22.9	−14.7	−15.8	−17.9
各级政府财政收支（包括捐赠）（财政年度，%/GDP）	−5.2	−6.2	−16.9	−6.4
马来西亚				
实际GDP增长率（%/年）	5.0	4.2	4.5	4.6
通胀率（区间平均值，%/年）	2.1	2.1	2.7	2.9
经常账户余额（%/GDP）	3.0	2.0	3.3	3.6
政府财政收支（不包括捐赠，%/GDP）	−3.2	−3.1	−3.0	n.a.
缅甸				
实际GDP增长率（%/年）	7.3	6.0	7.0	7.2
通胀率（区间平均值，%/年）	10.0	6.8	7.1	6.8
经常账户余额（%/GDP）	−5.4	−7.9	−7.2	−6.9
中央政府财政收支（%/GDP）	−4.5	−4.8	−4.5	−4.5
菲律宾				
实际GDP增长率（%/年）	5.9	6.8	6.8	7.0
通胀率（区间平均值，%/年）	1.4	1.8	3.1	3.2
经常账户余额（%/GDP）	2.5	0.2	−0.6	−1.8
中央政府财政收支（%/GDP）	−0.9	−2.4	−3.0	−3.0
新加坡				
实际GDP增长率（%/年）	1.9	2.0	2.0	2.2
通胀率（区间平均值，%/年）	−0.5	−0.5	0.8	1.0
经常账户余额（%/GDP）	18.1	19.0	17.9	17.5
中央政府财政收支（%/GDP）	−1.0	1.3	0.4	0.0
泰国				
实际GDP增长率（%/年）	2.9	3.2	3.4	3.5
通胀率（区间平均值，%/年）	−0.9	0.2	1.2	1.7
经常账户余额（%/GDP）	8.1	11.4	9.6	8.0
各级政府财政收支（财政年度，%/GDP）	−2.9	−2.8	−3.7	−2.2
越南				
实际GDP增长率（财政年度，%/年）	6.7	6.2	6.4	6.4
通胀率（区间平均值，%/年）	0.6	2.7	4.0	3.0
经常账户余额（%/GDP）	0.5	4.2	0.2	−0.2
各级政府净贷款/净借款（%/GDP）	−6.6	−5.8	−4.2	−4.0

注：e/为测算值；p/为预测值。

资料来源：各经济体、AMRO估计。

2017 东亚区域经济展望报告

亚洲金融危机20年回顾

ASEAN+3 REGIONAL ECONOMIC OUTLOOK 2017

ASEAN+3 Region:
20 Years after the Asian Finanicial Crisis

专题报告：亚洲金融危机20年回顾

2017年距亚洲金融危机爆发已经过去整整20年。作为本地区经济发展历史上的标志性事件，亚洲金融危机深刻影响了之后区域经济增长的基础及一体化的进程，同时也深远地影响了政策制定者们对危机管理和解决的看法。更重要的是，亚洲金融危机凸显了在危机管理和处置方面加强区域金融合作的迫切性和必要性。这也推动了东盟与中日韩财长机制下"清迈倡议"的诞生，随后其扩展为"清迈倡议多边化协议"，并成立了独立的宏观经济监测机构——东盟与中日韩宏观经济研究办公室（AMRO），为"清迈倡议"多边化提供支持。

本报告追溯了本地区在亚洲金融危机后两个十年的演变并展望了未来前景和挑战。

一、1997~2006年：重塑基础

亚洲金融危机后的第一个十年是本地区经济在经历了剧烈的负面冲击后的调整期，同时也是重建经济增长基本面的时期。亚洲金融危机的爆发，使得地区政策的关注点突然从经济增长转向恢复和维持外部和金融稳定。为使经济复苏，政策制定者必须在汇率机制、公司和金融部门改革、财政整合和审慎监管改革方面做出根本性且痛苦的政策调整。

危机起因

虽然通常认为亚洲金融危机最初是在1997年7月从泰国爆发，彼时泰铢受到了严重的投机压力，但实际上在危机爆发前，本地区的脆弱性已经累积了一段时间。亚洲金融危机起因于一系列失衡的宏观经济因素（尽管政府预算大体平衡并且通胀率适中）、外部形势的变化、公司和金融部门的薄弱环节。外部失衡反映了强劲的私人资本流动和国内私人高投资率。同时，这些相关经济体的货币都正式或非正式地与美元挂钩，因此在危机前美元的升值加剧了外部失衡。

在亚洲金融危机之前，本地区资本流入剧增，这得益于较高的经济增速、低通胀和相对健康的财政状况、金融部门和资本账户自由化、正式或非正式的钉住汇率制和多种政府刺激措施。资本流入推动了韩国、马来西亚和泰国的信贷快速扩张，形成投资热潮（主要是房地产）和资产价格膨胀（特别是在马来西亚和泰国）。这反过来又鼓励更多的资本流入和借贷。

在钉住汇率制度下，本区域汇率总体上稳定，这导致借贷双方均低估了过度的外汇敞口的风险。银行资产负债的期限错配、企业资产负债表上的货币错配和借方的高杠杆头寸都成为了这些经济体的"阿基里斯之踵"。与此同时，银行越来越多地暴露在信贷和外汇风险以及期限错配风险中，造成了国外短期借款和国内长期资产错配，增加了对资本外流的脆弱性。快速的经济增长也使得银行低估了风险。受到危机冲击的经济体审慎监管较为宽松。

受危机影响国家的脆弱性略有不同。泰国的脆弱性多来自于固定汇率制下银行业

过多的未对冲外币借款；印度尼西亚的脆弱性主要是来自于公司部门未对冲的外币借款；马来西亚的脆弱性来自于公司部门的高杠杆；韩国的脆弱性主要表现为非银金融机构和公司部门的外债。由于宽松的准入要求（如泰国）和不太严格的监管包括对非银金融机构的资本充足率要求低于商业银行（如韩国和菲律宾），都促成了1997年以前非银金融机构的迅速扩张。韩国的商业银行和泰国的金融公司最先出现流动性不足的问题，许多公司被迫破产停业。

在此情况下，当投资者撤资时，这些脆弱性转化为风险并迅速蔓延到整个地区。本地区受到冲击最严重的是经济规模较大的国家，韩国、泰国、印度尼西亚和菲律宾[39]都向国际货币基金组织申请了资金救助。这些经济体为此相应采取严格紧缩措施以提振信心，阻止资本外逃，支持币值，先后取得了不同程度的成功。

亚洲金融危机后的复苏

受到冲击的经济体通过重大、艰难的政策调整重建了经济增长的基础。出口带动了经济复苏，大幅贬值的汇率提升了出口价格的竞争力。2001年末和2007年中国和越南分别加入WTO，深化了区域价值链，进一步提振了区域出口。发达经济体的稳健增长为依靠出口导向增长的地区提供了支撑。由于增长复苏和储备积累，这些从国际货币基金组织借款的经济体提前退出了援助计划。

本地区从亚洲金融危机复苏的路径可与其从10年后在2008~2009年间爆发的全球金融危机复苏的路径做比较。全球金融危机没有产生像亚洲金融危机那样对本地区巨大的负面冲击（见表1.1和图1.1）。亚洲金融危机期间，本地区基本面恶化，且GDP增长大幅下滑。而在全球金融危机期间，由于基本面坚挺且危机并非源于本地区，本地区增长仅略微下降且之后快速恢复。

表1.1　　　　　　　　　　　不同的危机，不同的反应

	亚洲金融危机后	全球金融危机后
什么因素带动经济复苏	出口	国内需求
投资水平	下降并保持在趋势之下	保持较低水平
资本流动	未立刻恢复	很快恢复
中国	带领了地区出口激增	向本国消费倾斜的再平衡
日本	从亚洲撤回银行业务	增加对亚洲的银行业务
中国、韩国和日本在东盟总贸易中的份额	占1999年东盟贸易的18%	比重增加到31%
生产率增长	借助科技增长	温和增长

---

[39] 对菲律宾的援助是在已有的1997年国际货币基金组织援菲安排之上的中期和扩大贷款及1998年的备用贷款。

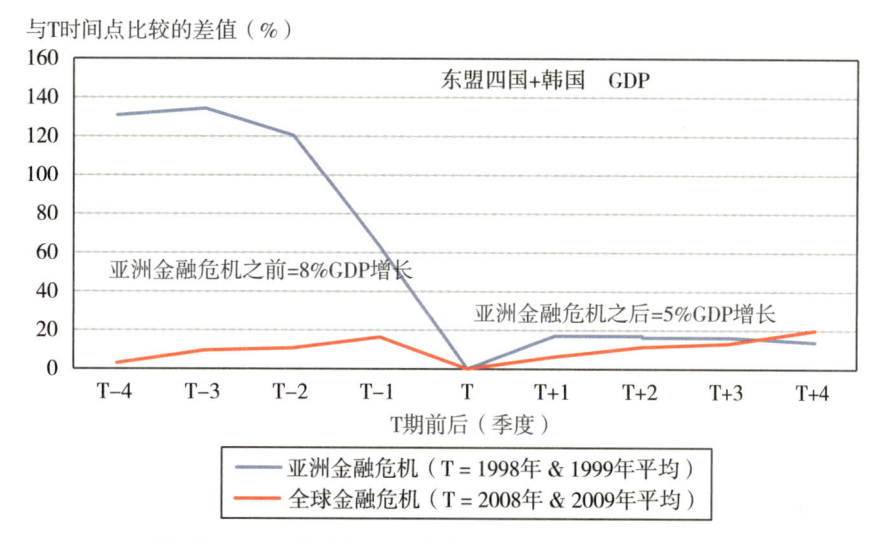

图1.1 亚洲金融危机和全球金融危机的不同增长轨迹

注：数据计算是用危机年份前后季度加总GDP对危机年份的平均加总GDP的百分比偏差得到。
资料来源：各经济体。

比较本地区在亚洲金融危机和全球金融危机后的复苏路径，可以总结出亚洲金融危机后的复苏具有三个特点：

（1）亚洲金融危机之后，在货币大幅贬值和强劲的外部需求（特别是强劲的美国经济）的推动下，在出口引领下东盟四国和韩国等爆发的危机经济体形成了"V"型经济复苏。截至1999年，GDP增长恢复到危机前水平；在接下来的8年直至2007年，爆发危机经济体的GDP增速稳定在平均4%~6%的水平，但是比危机前的增长水平仍然低1~2个百分点。

（2）亚洲金融危机期间，爆发危机经济体的私人投资急剧下降，出现大面积的公司倒闭，且这种状态一直未完全恢复。从某种程度上看，这也反映了对房地产和基础设施过度支出的调整。另外，财政整顿引起公共投资下降，投资支出骤降拖累了生产率的增长，从而使未来几年的潜在产出增长放缓。

（3）亚洲金融危机之后，资本经过一段时间后才重新流入本地区。这是由于爆发危机经济体的公司和银行部门受到重创，必须要经历长期的整顿，且这种整顿也通常由财政资源来支持。

亚洲金融危机之后，出口带动了爆发危机的经济体的复苏。这些经济体也倾向于实施更加灵活的汇率制度，为出口增加了竞争力。由于出口强劲且进口萎缩，东盟四国和韩国的经常账户在短期内从赤字转为盈余（见图1.2）。

出口反弹也反映了由强劲的美国经济所提供的有利外部需求条件。与此同时，中国也在21世纪初逐渐成为区域生产供应链中的主要参与者。中国和越南加入WTO深化了区域价值链，也进一步促进了出口。发达经济体和中国稳健的经济增长为本地区经济复苏提供了有利条件（区域贸易一体化在下一部分详细阐述）。经济反弹也意味着虽然经济调整艰难，但是这些经济体基本上没有发生长期性的失业问题。

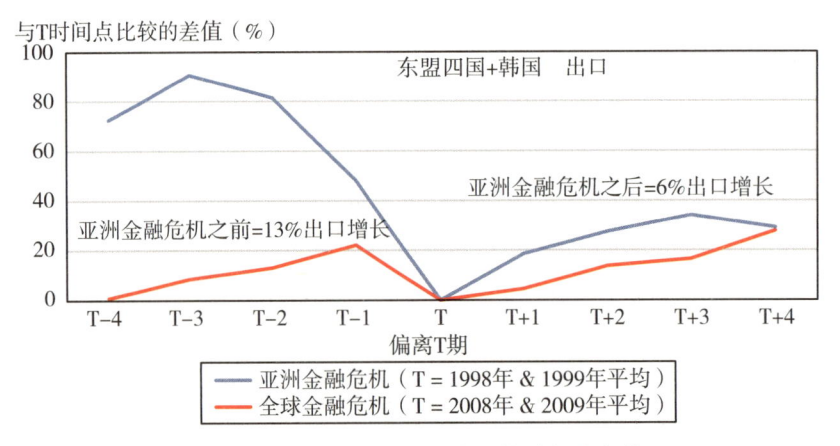

图 1.2 亚洲金融危机后出口推动经济复苏

注：数据计算是用危机年份前后季度总出口额对危机年份平均总出口额的百分比偏差得到。
资料来源：各经济体。

从投资—储蓄的角度来看，大量的经常项目盈余也代表了投资低迷而不是储蓄过剩（见图1.3）。亚洲金融危机后10年，投资才恢复到趋势线之上（见图1.4）。亚洲的实际投资一直低于宏观经济基本面所对应的水平，这反映了房地产、建筑和设备支出做出的调整。亚洲金融危机后，投资占GDP的比重下降了约12个百分点，且一直保持在比危机前的水平低10个百分点左右。固定资产投资的结构性下降减少了这些经济体的潜在增速，低于亚洲金融危机之前的水平约1~2个百分点（见图1.5）。

图1.3 危机期间投资低迷导致本地区经常账户赤字转为盈余[40]

资料来源：IMF。

---

[40] 一些区域经济体，如印度尼西亚、泰国和马来西亚，其经常账户赤字在亚洲金融危机期间转为盈余。

图1.4 实际固定资本形成总额（GFCF）在东盟四国和韩国的趋势

资料来源：世界银行。

图1.5 在东盟四国与韩国，投资占GDP比率水平在亚洲金融危机后下降并在之后保持平稳水平

资料来源：世界银行。

投资下降可能是由于：受损公司资产负债表在危机后重建缓慢，国内外融资渠道中断，银行体系整合阻碍了放贷及资本流入主要区域新兴市场下降。亚洲金融危机期间，经济基本面恶化导致资本流动突然逆转，而这需要一段时间才能恢复。2002年前后资本流入才真正重现本地区（见图1.6）。

与全球金融危机后相比，亚洲金融危机后私人资本回流相对较慢。危机后资本流动的不同情况是亚洲金融危机和全球金融危机主要的不同之处。一方面，全球金融危机后，进入本地区寻求高收益的资本流入迅速恢复，并通过低成本融资与信贷提振了当地经济。日本的银行业大幅增加了对亚洲的贷款和证券投资，填补了欧美银行在危机之后留下的空白。另一方面，亚洲金融危机期间和之后，日本的银行对亚洲的跨境贷款平均下跌了24%~30%，直到2004年日本的银行贷款量才开始增长，并在全球金融危机之后激增。2013~2014年，日本的银行贷款大幅增长了40%~50%，其中泰国占日本资金流入的一半以上。与此同时，亚洲金融危机之后的十年，日本官方开发援助一直在持续进行，部分抵消了日本的银行贷款下降的影响（见图1.7和图1.8）（下一节详细阐述区域内流动情况）。

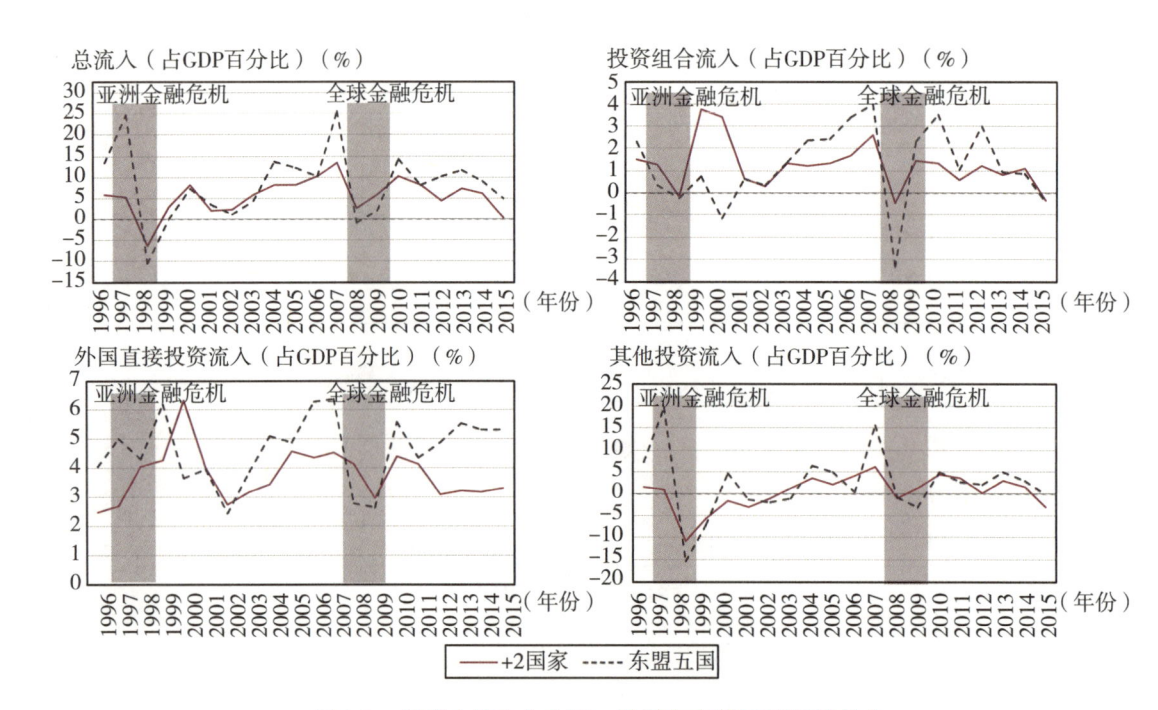

图1.6　总资本流入（中国、韩国和东盟五国经济体）

注："+2国家"指中国（包括中国香港地区）和韩国。东盟五国是指印度尼西亚、马来西亚、菲律宾、新加坡和泰国。

资料来源：各经济体。

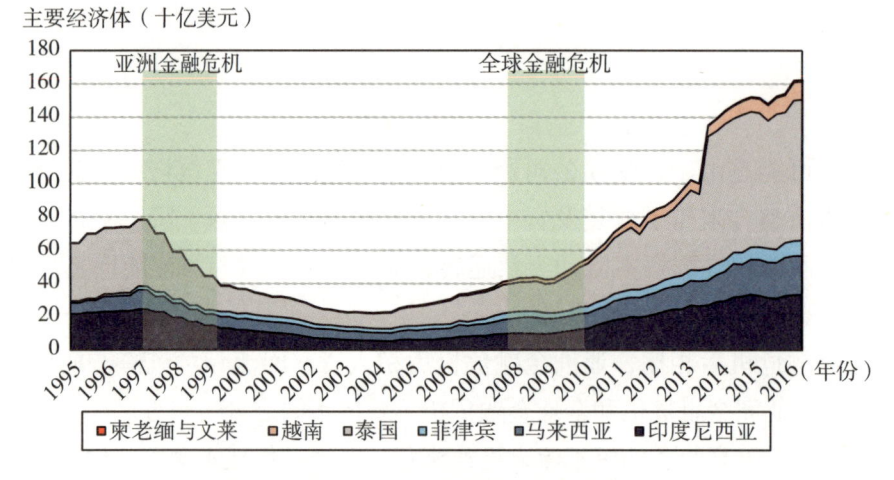

图1.7　日本的银行对东盟（除新加坡外）的债权在亚洲金融危机后降低，但在全球金融危机后激增

注：数据基于国际清算银行综合统计，描述了国际清算银行报告国银行在全球范围内的整体头寸，包括国外子公司的头寸，但不包括内部头寸。

资料来源：国际清算银行（合并银行统计）。

(十亿美元)

亚洲金融危机　　　　全球金融危机

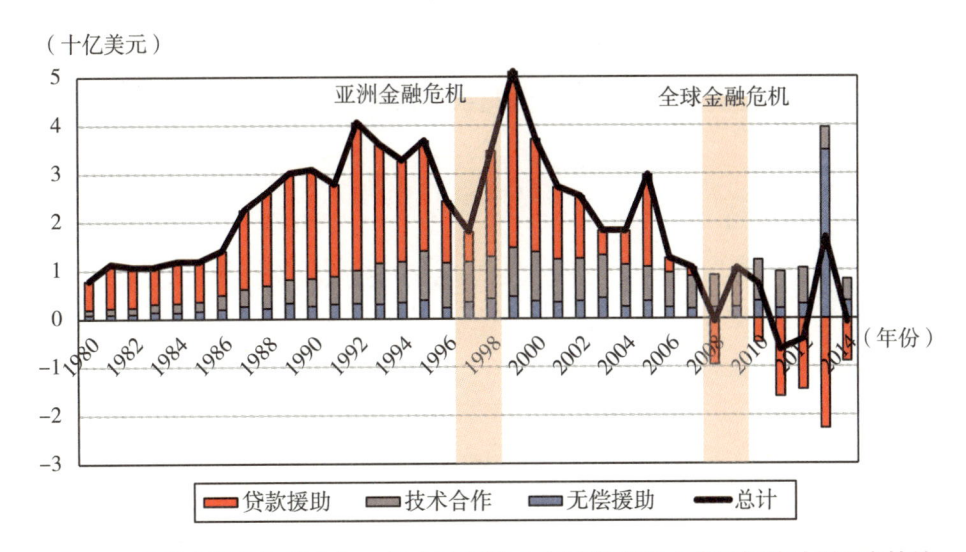

图例：贷款援助　技术合作　无偿援助　总计

图1.8　亚洲金融危机后十年，日本对东盟+2经济体的官方发展援助计划仍在持续

注：柬老缅越加入东盟的时间分别为1995年（越南）、1997年（老挝和缅甸）、1999年（柬埔寨）。新加坡和文莱于1996年不再作为官方发展援助的接受方。中国香港和韩国分别于1997年和2000年不再作为官方发展援助的接受方。韩国2014年的数据不可用。

资料来源：日本外务省。

亚洲金融危机后更有活力和灵活的政策框架

亚洲金融危机后，本地区政策制定者从根本上改变了其政策框架和宏观经济管理，以提高政策组合的灵活性应对外部冲击。其中关键的变化是更灵活的货币政策框架、财政和金融部门整合以及应对金融稳定风险更好的审慎监管。

在货币管理方面，亚洲金融危机后本地区政策制定者能更好地处理汇率灵活性、货币政策和资本流动的"三难选择"问题。亚洲金融危机之前，美元的固定名义汇率制度是造成（经济与金融）不稳定的一个因素。亚洲金融危机之后，东盟四国经济体从严格的钉住美元汇率制度转向更加灵活的汇率制度。这使他们能在更加开放的资本账户下获得更多的货币政策自主权。这四个国家采用了通胀目标制（见表1.2），使中央银行有明确的通胀目标，从而使通胀可控，并为持续增长奠定了基础。随着时间的推移，透明度进一步提高以及其他机构改革使得央行的信誉得到加强，这有助于稳定价格。

东盟四国和韩国等爆发危机的经济体还致力于财政改革，加强财政整顿。例如，一些经济体设定了财政赤字和/或债务对GDP比率的上限。他们还扩大并丰富了税基（特别是依赖石油和天然气收入的国家）。这些措施巩固了财政政策，并将债务对GDP比率稳定在一个较低且更可持续的水平上（见图1.9）。过去几年里，菲律宾和泰国改善了财政收支，但马来西亚和印度尼西亚的财政收支受到大宗商品相关收入疲软带来的不利影响（见图1.10）。

表1.2　　　　　　　　　　　　实施通胀目标制的国家

国家	通胀目标制实施时间
印度尼西亚	2005年第三季度
韩国	1998年第二季度
马来西亚	固定汇率制（2005年前）
菲律宾	2002年第一季度
泰国	2000年第二季度

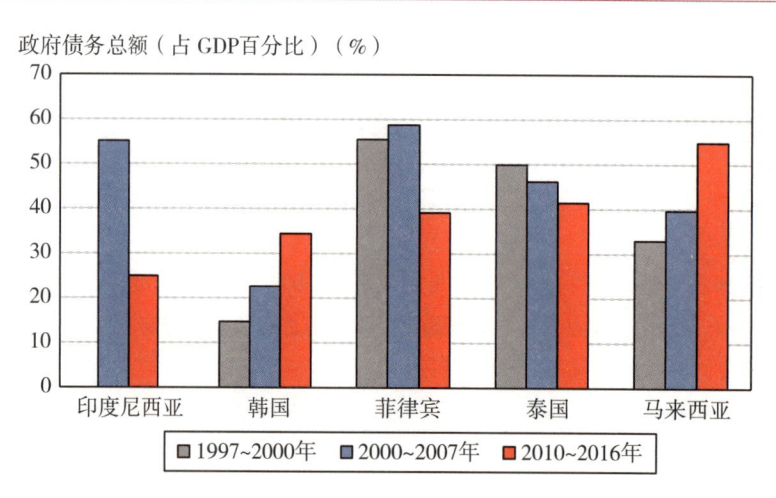

图1.9　一些经济体的公共债务下降

注：印度尼西亚的数据从2000年开始。
资料来源：IMF。

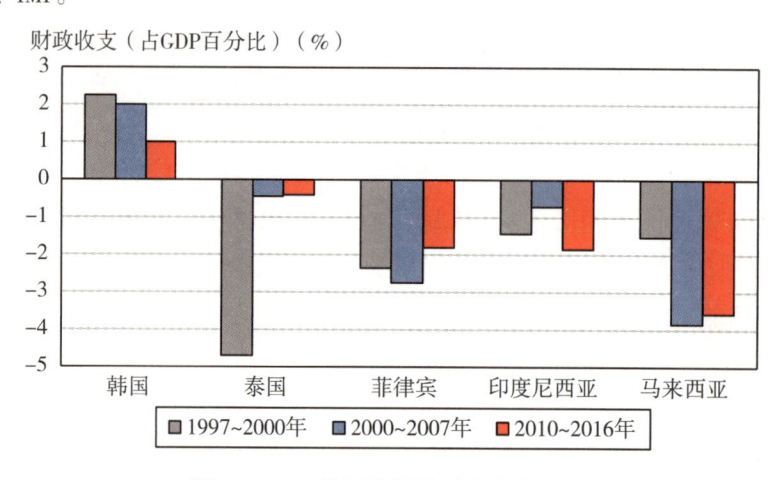

图1.10　一些经济体的财政赤字缩减

注：韩国的数据包括社会保障基金。
资料来源：IMF。

此外，东盟四国和韩国采取了一系列的结构性改革，加强了金融系统抵御风险的能力，改善了公司和金融部门的资产负债表。这些改革涵盖了许多关键领域，包括金融和公司重组、通过新法律来解决公司破产和治理、提高劳动力市场灵活性、加强市场竞争和放宽对外资持股的限制。更重要的是，这些经济体在机构改革方面做出了更多努力。以提高风险管理能力及加强审慎监管（通过更多依靠风险为基础的方式）。此外，各经济体还采取措施减少了在亚洲金融危机之前被奉为规范做法的关联贷款。

爆发危机的国家试图通过以下方式加强审慎监管的能力：引进新法律和设立金融监管机构、关闭和合并金融机构、增强透明度和披露可靠数据等。印度尼西亚、泰国和韩国等通过新的立法加强了中央银行独立性，各经济体还建立了存款保险机制和机构。在金融重组的同时，韩国还进行公司重组，重点改善公司治理、竞争以及财务和业务重组。泰国政府进行了全面的金融部门重组，包括鼓励小型金融机构并购，采用巴塞尔资本标准，对贷款损失准备金采用IAS 39会计准则，并推动成立私人资产管理公司。马来西亚和菲律宾也实施了各种银行重组计划。

经过以上这些努力，金融部门的不良资产得到处置，直接贷款缩减，银行体系得到重新注资和私有化。这些金融部门改革的努力也得到财政整顿和改革的支持。这些改革措施改善了公共和私人部门的资产负债表，为本地区抵御2008~2009年的全球金融危机提供了坚实的基础。与亚洲金融危机期间亚洲企业因公司债务和外汇错配而受损相比，全球金融危机期间亚洲企业相对未受到较大负面冲击。

区域金融合作和经济增长的基础

亚洲金融危机十年后，当年经历危机的经济体基本面和对外头寸状况得到显著改善，外汇储备大幅增加（见图1.11）。随着经常账户盈余的增长（见图1.12）和净资本逐渐流入本地区，亚洲经济体在危机后的十年内，抓住机遇积累各自的外汇储备。东盟四国和韩国的外汇储备在1994~1996年和2000~2007年增加了3倍，本地区的外汇储备持有量已超过了全球储备的50%。这些都来自于他们在危机中的经验教训以及建立缓冲机制作为一种保障措施来应对未来流动性危机的意愿。这些储备主要是通过需对冲的干预积累起来的，反映了其为应对未来流动性危机开展自保的努力。事实证明，外汇储备在资本外流期间起到了缓冲的作用。

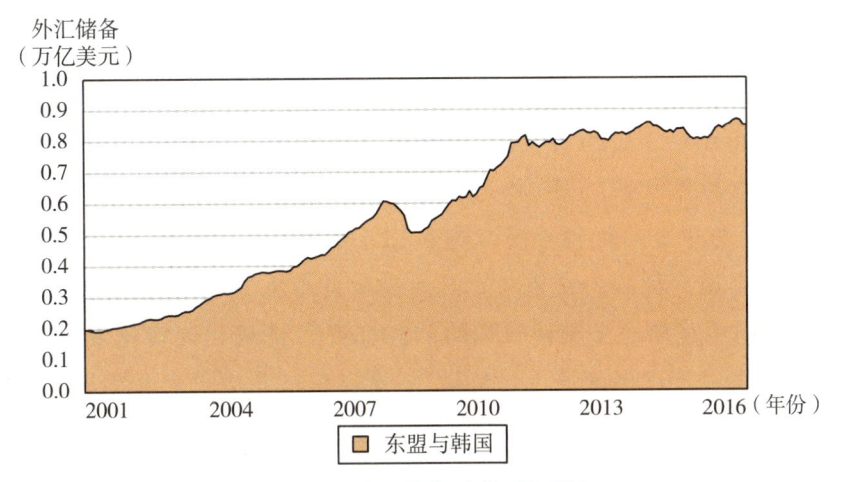

图1.11 外汇储备随着时间增加

资料来源：各经济体。

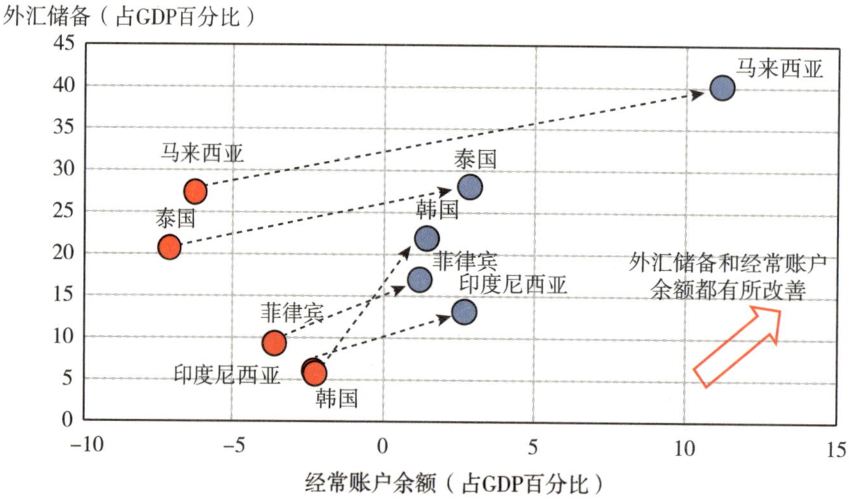

图 1.12　外汇储备增加，经常账户余额有所改善

注：红点表示1994~1996年平均值，蓝点表示2000~2007年平均值。
资料来源：IMF。

亚洲金融危机可能会引起该地区出现一种对外抵触情绪，即对国际贸易和投资永久关闭资本账户，但这种可能实际上并未发生。各区域经济体更侧重于减少其对外部和财政方面的脆弱性，并为未来潜在危机建立缓冲机制。亚洲金融危机后本地区改善了宏观经济管理框架，特别是提高了抵御外部冲击的韧性和缓冲能力，使本地区从区域内贸易和外国直接投资中获益（具体见下一章节）。亚洲金融危机也标志着在面对共同危机的情况下深化区域金融合作的开始。2000年5月在泰国清迈举行的东盟与中日韩财长会议正式启动了由一系列双边互换协议组成的"清迈倡议"。专栏C概述了"清迈倡议"发展为"清迈倡议"多边化的过程，以及AMRO在支持该区域安全网中的作用。

专栏C

AMRO在支持"清迈倡议多边化协议"实施中的作用

AMRO的成立旨在通过开展区域经济监测和支持清迈倡议多边化的实施，维护本地区的经济金融稳定。"清迈倡议多边化协议"是一个在东盟与中日韩成员间的多边货币互换协议，于2010年3月24日生效。其核心目标是：（1）解决东盟与中日韩地区的国际收支和短期流动性困难；（2）补充现有的国际金融安排。"清迈倡议多边化协议"的签约方包括东盟与中日韩的13个财政部和13个央行及中国香港金融管理局。

2000年亚洲金融危机后，东盟与中日韩金融当局决定通过建立清迈倡议加强金融合作，在成员之间构建双边互换协议网络。2010年，清迈倡议实现多边化，成为一个单一的协议，称作"清迈倡议多边化协议"。清迈倡议多边化资金总规模扩大至1 200亿美元。从清迈倡议到清迈倡议多边化的演变是一个重要的里程碑，展示了各成员不断完善和促进区域金融稳定的强有力的努力。2014年，清迈倡议多边化得到进一步加强，规模翻一番至2 400亿美元，与国际货币基金组织贷款规划的脱钩比率提高到

30%，并延长了救助期限。除了现有的清迈倡议多边化稳定性贷款工具（CMIM-SF）以外，本地区还新建了危机预防工具——清迈倡议多边化预防性贷款工具（CMIM-PL）。

AMRO 大事记

2009年2月

东盟与中日韩财长同意设立独立的区域监督机构，以促进客观的经济监测。

2010年3月

清迈倡议多边化协议生效。

2011年4月

根据新加坡公司法，AMRO在新加坡以担保有限公司的形式正式成立。

2014年7月

"清迈倡议多边化协议"修订稿生效。

修订稿主要修改内容：

（i）规模翻倍至2 400亿美元。

（ii）将与国际货币基金组织贷款规划的脱钩比率从20%提高到30%。

（iii）新建危机预防工具——清迈倡议多边化预防性贷款工具（CMIM-PL）。

（iv）延长清迈倡议多边化贷款工具的期限。

2014年10月

东盟与中日韩各成员签署将AMRO升级为国际组织的AMRO协议。

2016年2月

AMRO协议生效，AMRO正式成为具有完全法人资格的国际组织。

二、2007~2016年：再平衡与利用区域一体化

全球金融危机的背景

美国和欧元区在全球金融危机中遭受重创，因而在2008~2009年，由强劲的外部需求带动经济增长的局面戛然而止。之后，全球贸易增长都没有完全恢复，因此限制了本地区经济体中出口对经济的贡献。然而，美国和欧元区的大规模货币刺激政策导致了全球持续的低利率，这为本地区经济的再平衡创造了条件：经济发展借此由出口拉动转向国内需求拉动，以信贷和低融资成本带动了投资和消费。在宽松的流动性背景下，逐利资本从发达经济体流向包括本地区的新兴市场。同时，由中国需求驱动的较高大宗商品价格使本地区从大宗商品出口获益，缓和了财政紧张。

同时，亚洲金融危机后本地区在贸易、外国直接投资和资本流动方面持续开放，使本地区尤其是较小的东盟经济体在不断深化的区域一体化进程和中国对区域贸易和直接投资增长的过程中获益。2001年中国加入WTO之后，成为区域制造业网络的核心

节点,吸收了来自其他亚洲国家的出口。中国作为电子设备和其他产品垂直一体化供应链中的一个生产平台,其崛起为区域内贸易的蓬勃发展提供了动力。本地区区内贸易占比从2000年的45.0%上升至2015年的47.2%,尤其是中国在区域内出口的占比从2000年的19.4%上升至2009年的25.6%,而欧元区区内贸易在2015年占总贸易比重为46.1%。同期,柬埔寨、老挝、缅甸和越南东盟经济体在区域贸易和投资一体化不断深化的过程中明显受益。

不断深化的区域一体化进程:中国的崛起

本地区从中国迅速融入全球经济的过程中大为受益(通过不断深化和多元化的贸易流)。中国从东盟经济体的进口在产品类型和来源地方面均呈现出多样化特征(见图2.1)。中国自东盟国家进口的资本品(包括运输设备)大多数来自东盟五国(泰国、马来西亚、新加坡、印度尼西亚和越南)。过去十年中国实现了中间品进口的多元化,从主要来源于较大的东盟经济体扩展到涵盖其他东盟经济体如文莱、柬埔寨、老挝和缅甸。这些中间品被进口到中国进行最后加工,反映了较小的东盟经济体融入全球价值链的态势。过去十年中国也不断扩展从东盟地区的消费品进口渠道,其中从越南进口的消费品显著增长。

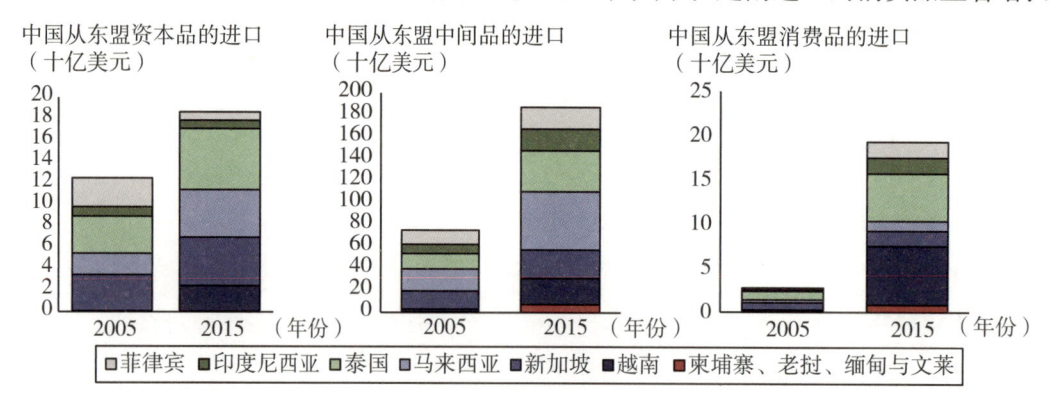

图2.1(a) 中国从东盟进口(按进口国分类,美元计价)

资料来源:联合国商品贸易统计数据库。

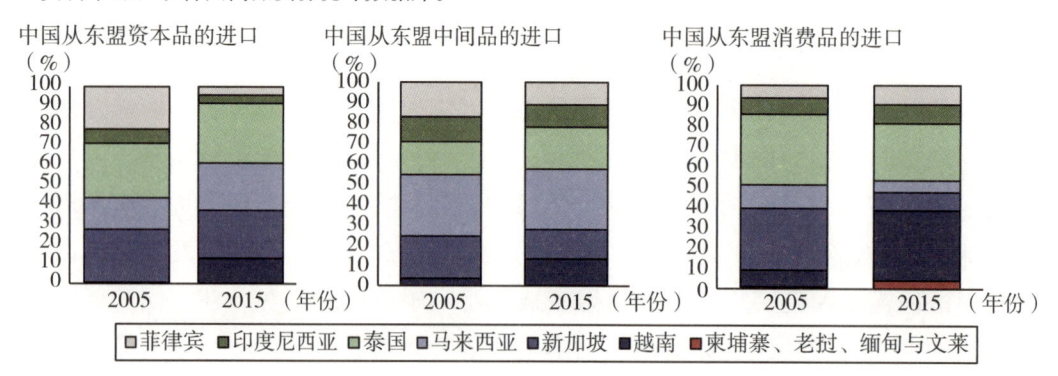

图2.1(b) 中国从东盟进口(按进口国分类,占中国进口的百分比)

尽管中国从本地区吸收进口来支撑其投资驱动型经济增长,但其GDP对进口的依赖(密集)程度近年来已经下降。与中国固定资产投资占GDP的比重下降相同,自

2011年起中国的进口（绝对量）相对于经济规模不断下降（见图2.2）。这表明与过去相比，中国经济增长已经较少依赖进口。随着中国转变其依靠投资驱动型增长方式，进口依赖程度将可能继续下降。一些经济学文献[41]也将进口依赖程度下降归因于中间品进口的缩减，因为中国在全球价值链份额的上升，供应链中更多中间产品的生产配置到中国，包括配置到西部欠发达地区。

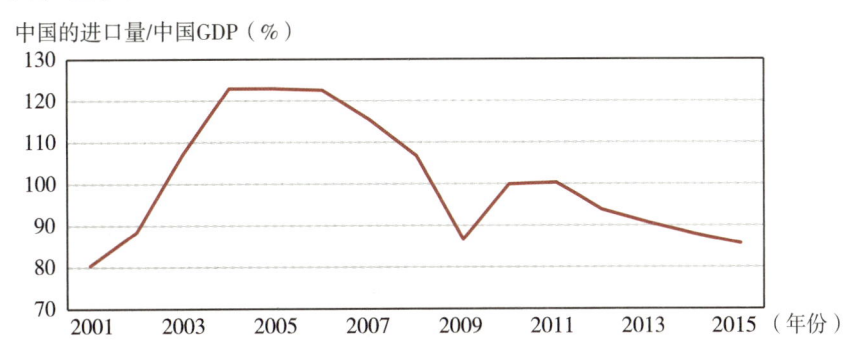

图2.2 随着再平衡进程，与经济规模相比的中国进口依赖程度下降

资料来源：各经济体、AMRO估计。

中国对过多依靠投资及资源投入增长模式的再平衡过程改变了其从本地区的进口结构，且这种趋势预计将会持续。近期中国需求结构调整的溢出效应对各经济体的影响取决于这些经济体对中国出口的规模和类型。例如，一方面，文莱和印度尼西亚主要向中国出口矿产品，而柬埔寨、老挝和缅甸分别主要出口服装、木材、金属和宝石。另一方面，韩国、马来西亚、越南、新加坡和泰国主要向中国出口机械、电子和运输设备（见图2.3）。短期看，那些对中国出口较多的经济体（如出口资本品和相关产品）将易受中国结构性需求下滑的影响。

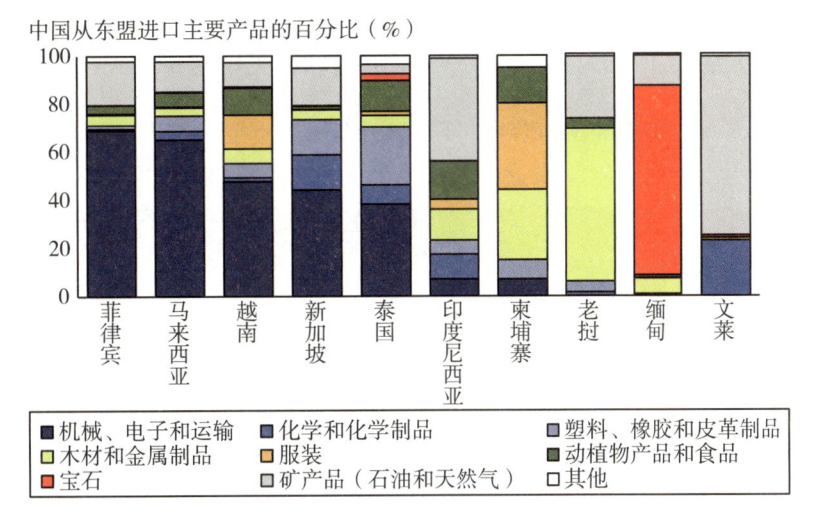

图2.3 不同经济体对中国的出口各不相同，取决于产品类型（东盟经济体，2015年）

资料来源：世界贸易统计总览。

---

[41] 参见Kee和Tang（即将刊出）：《出口国内附加值：理论和来自中国的企业例证》，载于《美国经济评论》。

尽管大部分中国的进口将最终转化为发达经济体的最终需求，但中国也日益成为本地区产品重要的最终需求地，这反映了中国不断增长的财富和中产阶级的迅速崛起。图2.4显示，区域经济体对中国的出口（以增加值表示）大部分是为了最终的投资需求，但随着中国再平衡进程的推进，这些对中国的出口可能会转变为中国的最终消费需求，而且这将是一个长期趋势。那些能够较好把握中国上升消费需求的本地区经济体将从这一转变中受益。

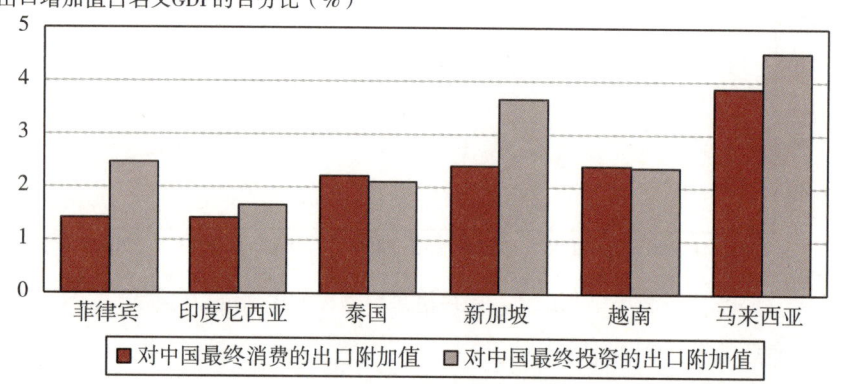

出口增加值占名义GDP的百分比（%）

图2.4 能够利用中国上升的消费需求的区域经济体将获益（2011年）

资料来源：OECD。

中国在本地区的旅游服务消费的变化就是中国对本地区服务需求增长的范例。2009年以来，中国出境游人数呈指数增长，到2015年增速达16.6%，尤其是对韩国、日本、泰国和柬埔寨（见表2.1）。不仅中国出境游客人数增长，中国游客在旅游目的地的消费（尤其是泰国、新加坡和马来西亚）也在增长。来自中国的旅游服务需求帮助本地区抵消了货物出口下降带来的经济影响。较小的东盟国家（如柬埔寨、老挝、缅甸和越南）旅游业潜力巨大，旅游业的发展是其实现经济多样化的一种方式。

表2.1　　　　来自中国的游客（不包括中国香港地区）在大多数区域经济体中的比例迅速上涨

	2016年中国游客数（百万人）	该国中国游客占该国接纳全部外国游客的比例（%）		
		2009年	2012年	2016年
文莱*	0.04	0.4	0.5	0.5
柬埔寨	0.8	6.3	9.3	16.6
印度尼西亚*	1.2	6.2	8.5	12.0
日本	5.0	14.8	17.1	26.5
韩国	8.1	17.2	25.5	46.8
老挝*	0.4	6.4	6.0	10.2
马来西亚*	2.1	4.3	6.2	7.9

续表

	2016年中国游客数（百万人）	该国中国游客占该国接纳全部外国游客的比例（%）		
		2009年	2012年	2016年
缅甸*	0.04	n.a.	n.a.	0.9
菲律宾	0.7	5.1	5.9	11.3
新加坡	2.1	9.7	14.0	13.8
泰国	8.8	5.5	12.5	26.9
越南	2.7	14	20.9	26.9
合计	32.0	7.8	12.0	20.6

注：文莱*、柬埔寨*和缅甸*数据截至2015年，老挝*数据截至2014年，马来西亚*数据包括来自中国香港的游客。

资料来源：各经济体。

区域内的外国直接投资

与区域内贸易增长相似，近年来区域内特别是东盟国家吸收的外国直接投资规模也迅速扩大，这反映了东盟经济体比较优势以及在全球价值链中参与度的提升。[42]区域内投资的深化也反映了国内储蓄在本地区生产性投资中的循环利用。对于流向东盟国家的直接投资，东盟内部的投资者在2015年已占据了最大的份额。东盟内部投资的份额在其总外国直接投资流入中的占比在2015年上升至18.4%，而来自欧盟国家的外国直接投资流入则呈现下降趋势。总的来说，来自中日韩的投资在东盟的外国直接投资流入中占据较大份额，2015年约为26.1%（含中国香港地区为29.9%）。在中日韩三国中，日本保持其在东盟的核心投资者地位，但近年来中国和韩国的投资份额呈上升趋势（见图2.5）。

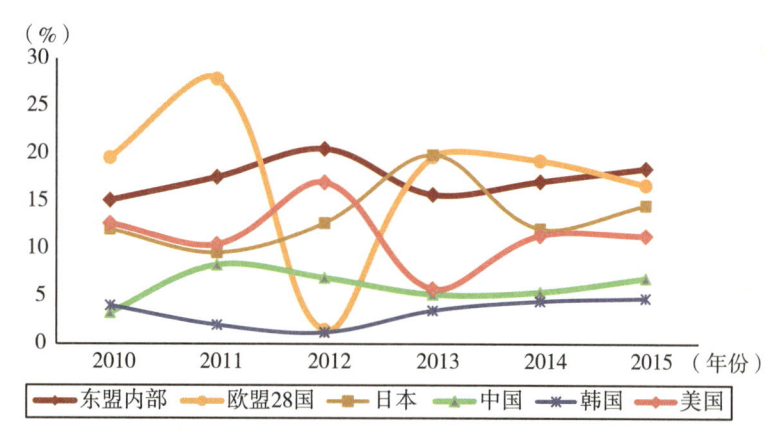

图2.5 东盟地区外国直接投资的各来源地占比

资料来源：ASEANstats。

---

[42] 联合国贸易和发展会议（2013年）：《全球价值链：促进发展的投资和贸易》，载于《2013年世界投资报告》第4章，纽约和日内瓦，联合国。

按照投资目的地来看，东盟与中日韩国家对本地区的直接投资大部分流入马来西亚、泰国、印度尼西亚、菲律宾和越南，也有一部分流向文莱、柬埔寨、老挝、缅甸。近期数据表明，东盟内较大经济体中的新加坡[43]和印度尼西亚获得了大量的区内投资。在文莱、柬埔寨、老挝、缅甸、越南五国中，越南和缅甸对本地区更具吸引力。尤其是越南吸引了中日韩的大部分投资，几乎与印度尼西亚和泰国相当。值得注意的是，新加坡是东盟经济体中最大的外国直接投资流入国，同时也在东盟区域内部投资中占据很大份额，尤其是对于印度尼西亚（见图2.6）。

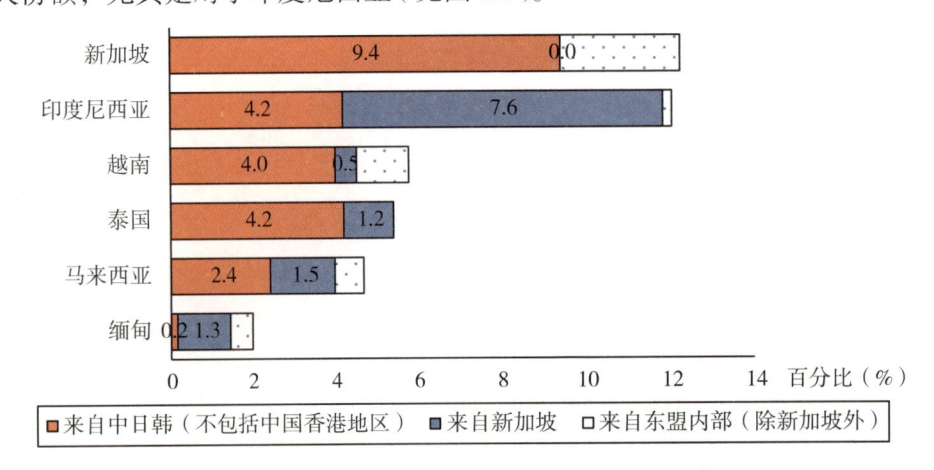

图2.6 区域内外国直接投资流入（部分东盟经济体，2015年）

资料来源：ASEANstats。

实证表明，外国直接投资流入量与全球价值链参与度、经济增长之间存在统计上的正相关。联合国贸易和发展会议（2013年）对187个国家进行的全面实证研究表明，1990~2010年的样本期间外国直接投资存量与全球价值链参与度呈现很强的正相关性，且在低收入国家尤为明显。[44] 以上研究还发现全球价值链参与度的提升与人均GDP的增速提高具有相关性。我们简单分析发现，本地区全球价值链参与度与人均GDP增长率也可以印证以上全球数据得出的结论。1995~2009年，在外国直接投资流入增长如前面所述的情况下，本地区的全球价值链参与度平均提升了12个百分点（见图2.7）。2009年，本地区的全球价值链参与度（54.0%）超过了欧元区（52.3%）。不仅如此，散点图拟合线显示，全球价值链参与度增长率与人均GDP增长率相关（见图2.8）。

---

[43] 这些外国直接投资流入在一定程度上反映了以新加坡为区域中心的公司的经济活动。

[44] 全球价值链的参与度定义为本国出口产品在多阶段贸易过程中所占的比例，可以通过计算在本国总出口中进口投入和国内生产投入与其他国家出口的比重之和获得。

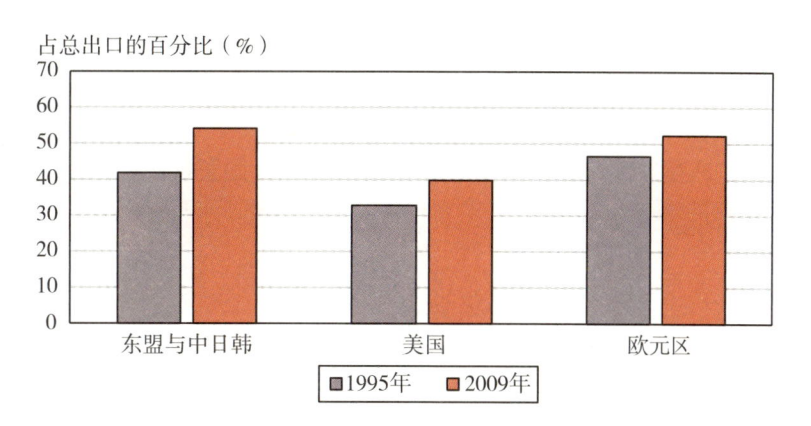

图2.7 各地区的全球价值链参与度

注：经合组织的这个指标是表示在一国或地区总出口额中第三国出口所使用的外国投入和国内生产投入的份额之和。

资料来源：经合组织、AMRO估计。

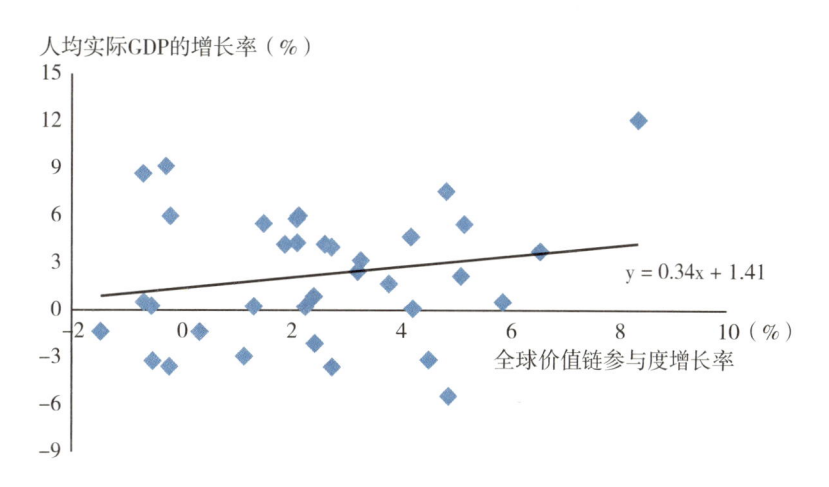

图2.8 1995~2008年东盟与中日韩地区全球价值链参与度增长与人均GDP增长的关系

注：我们将GDP增长对全球价值链（GVC）的增长进行回归，数据包括区域12个经济体，除了缅甸和老挝外，数据取自1995年、2000年、2005年和2008年。

资料来源：经合组织、IMF、AMRO估计。

区内直接投资对柬埔寨、老挝、缅甸和越南的产业升级发挥着关键作用。得益于低生产成本、经济快速增长和自然资源禀赋，近年来柬埔寨、老挝、缅甸和越南吸引中日韩的外国直接投资大幅增加。随着柬埔寨、老挝、越南经济的快速发展和缅甸对外开放程度的提高，流入这些经济体的外国直接投资持续增长，尤其是在制造业、金融和基础设施领域。按来源分，中国是柬埔寨、老挝、缅甸和越南的主导投资国之一。在柬埔寨，中国企业是最大的制造业投资者，其投资约占外国直接投资制造业（如服装行业）的一半。在老挝和缅甸，中国的投资主要集中于基础设施项目。日本和韩国也是活跃的投资者，特别是在制造业、房地产和金融业（见表2.2）。

例如，韩国公司迅速扩大其在柬埔寨、老挝、缅甸和越南的投资（见图2.9）。专栏D描述了区域内外国直接投资流入柬埔寨、老挝、缅甸和越南的最新进展。

表2.2 中日韩和东盟在柬埔寨、老挝、缅甸和越南的外国直接投资中所占份额

国家	来源	2013年	2014年	2015年
柬埔寨	中国	22.5	32.1	31.6
	日本	3.0	4.9	3.1
	韩国	14.0	6.2	4.2
	东盟五国	19.1	11.2	14.9
老挝	中国	35.1	67.3	61.6
	日本	0.4	0.2	7.0
	韩国	2.5	1.4	4.2
	东盟五国	4.7	11.8	7.6
缅甸	中国	30.2	7.5	1.9
	日本	1.4	4.0	3.4
	韩国	0.0	1.2	1.3
	东盟五国	44.6	69.8	74.5
越南	中国	10.7	2.3	3.2
	日本	26.6	10.5	8.1
	韩国	19.9	35.3	29.6
	东盟五国	23.0	16.4	17.6

注：所有的数据均表示在总体外国直接投资流入中的占比。东盟五国包括印度尼西亚、马来西亚、菲律宾、新加坡和泰国。

资料来源：ASEANstats。

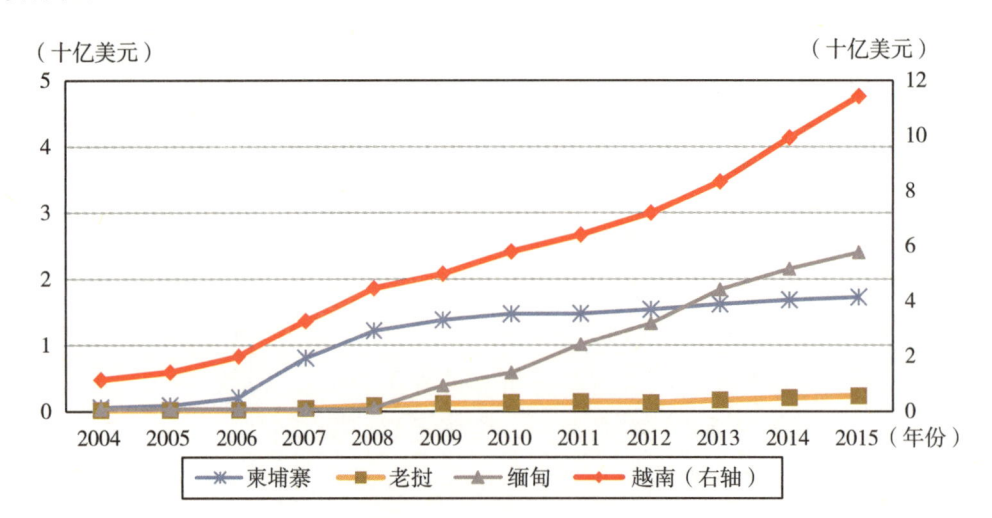

图2.9 柬埔寨、老挝、缅甸和越南四个国家中韩国直接投资流入存量变化

资料来源：《东盟投资年报2016》。

专栏D

柬埔寨、老挝、缅甸和越南外国直接投资流入近况

柬埔寨、老挝、缅甸和越南已经跻身世界增长最快的经济体之列，这些国家的出口在其GDP中占有较大份额，反映了他们与全球经济发展联系愈加紧密。得益于与中国邻近的地理位置以及有竞争性要素市场，柬埔寨、老挝、缅甸和越南持续吸引来自全球以及区域主要经济体的大规模直接投资流入。本专栏介绍了柬埔寨、老挝、缅甸和越南外国直接投资流入的近况、未来发展前景和可能面临的风险。

得益于采取出口导向型战略，柬埔寨、老挝、缅甸和越南近年来出口规模迅速扩大。2011~2015年，其总体出口占GDP的比重由52.5%上升至64.4%。尽管绝对量仍然较小，但这四个国家在全球出口市场上的份额已经翻了两番，从2000年的0.3%上升至2015年的1.4%（见图D1），主要的出口伙伴包括欧盟、美国、中国、印度、日本和东盟。主要出口商品包括服装、农产品、电子、电力和石油。柬埔寨、老挝、缅甸和越南与中国的双边贸易规模也迅速扩张（见图D2），这反映了其与中国更加紧密的关系。柬埔寨、老挝、缅甸和越南与中国的贸易在中国总贸易中的占比从2000年的0.7%增长至2015年的3.0%，为原来的4倍。

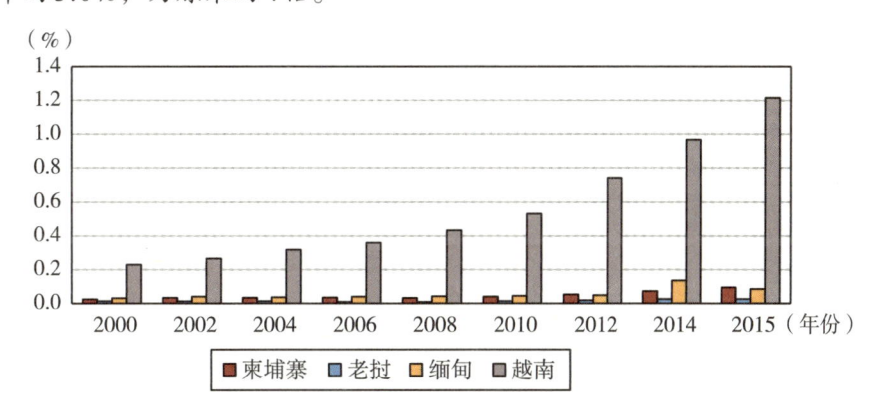

图D1 柬埔寨、老挝、缅甸和越南总体出口市场份额不断扩大

资料来源：World Integrated Trade Solutions、世界银行。

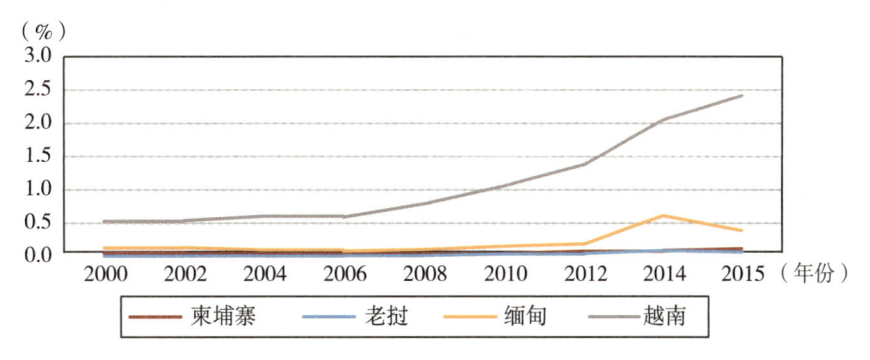

图D2 柬埔寨、老挝、缅甸和越南与中国的双边贸易份额变化趋势相似

资料来源：World Integrated Trade Solutions、世界银行。

出口规模的扩大反映了各行业吸收的外国直接投资呈现快速增长，这也成为柬埔寨、老挝、缅甸和越南重要的增长驱动力和主要的就业来源。尽管柬埔寨、老挝、缅甸和越南吸引了大量的区内外外国直接投资，但大部分的投资仍来自主要的区内经济体，如中国、中国香港、日本、韩国和新加坡。从行业来看，外国直接投资主要集中在制造业（例如服装和电子）、电力、采矿、石油和天然气、金融、住宿、建设和房地产。

例如，柬埔寨的外国直接投资主要流向服装行业，但近期也开始呈现出多样化趋势，部分流向轻型制造业，如电子、自行车等，推动了其出口商品的多样化。在老挝，外国直接投资大部分集中于水电行业。相比之下，缅甸在建设工业基地方面取得了重要进展。尽管目前外国直接投资于缅甸制造业的规模有限，但经济特区的建设（如迪拉瓦）将为其制造业的长期发展提供重要基础。越南对服装制造业的依赖性逐渐降低，并尝试行业多元化发展（电子和机械），转型为众多全球大规模技术制造者的生产中心（见图D3）。

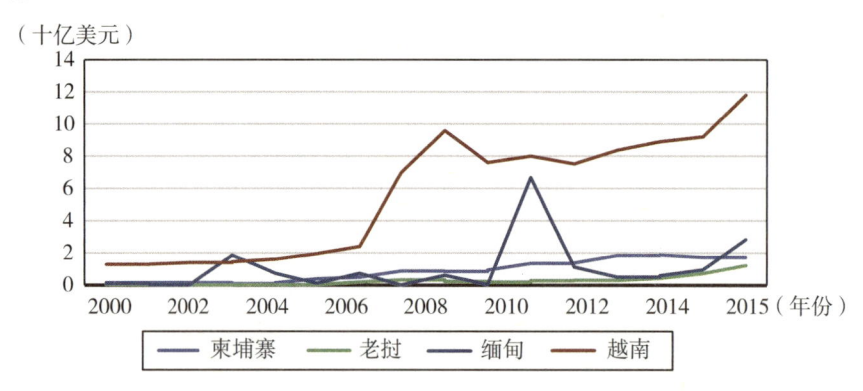

图D3　柬埔寨、老挝、缅甸和越南外国直接投资流入反映其在全球价值链参与程度的提升

资料来源：UNCTAD。

凭借各自的比较优势，柬埔寨、老挝、缅甸和越南从不断增加的区内直接投资中获益，成为对世界主要经济体最有吸引力的投资目的地之一。预计柬埔寨、老挝、缅甸和越南的外国直接投资流入未来依然向好。湄公河次区域能够吸引持续的外国直接投资流入，这得益于其稳定的宏观金融环境、廉价且充足的年轻劳动力资源、战略位置优势、不断改善的投资环境和基础设施、快速扩大的中产阶级和市场需求以及面向国际市场的优惠贸易措施。柬埔寨、老挝、缅甸和越南地区最低月工资在83～154美元（2016年1月时水平），低于其他亚洲国家（见图D4）。中国不断提高最低月工资标准，同时采取措施提升工业价值链，转型为消费拉动型经济，使得柬埔寨、老挝、缅甸和越南从中国工厂迁移过程中获益。此外，中国"一带一路"倡议将使包括柬埔寨、老挝、缅甸和越南在内的东盟经济体在贸易和基础设施投资领域获益。更重要的是，在发展中国家中，这四国被欧盟列为优惠贸易计划国家（包括除武器贸易和自由贸易协定以外的任何贸易）。

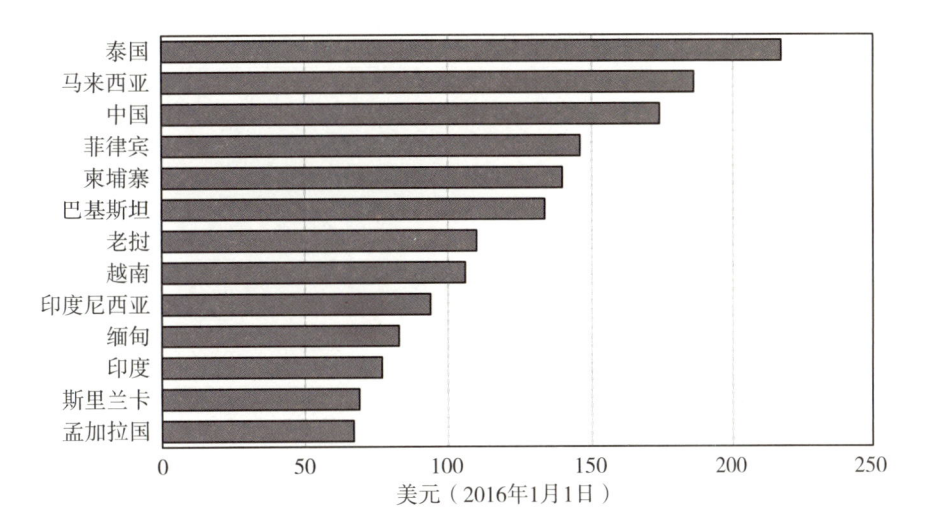

图D4　服装产业月最低工资水平（部分新兴市场经济体）

资料来源：ILO。

尽管区域内投资日益增加，但柬埔寨、老挝、缅甸和越南对本地区尤其是中国的依赖性也隐含着一定风险。中国经济的再平衡可能通过各种渠道对区域经济产生影响。如果中国经济增速减缓，将通过出口这一最基本传导渠道对这几个国家产生影响。这四国，尤其是以原材料出口为主并严重依赖中国的老挝和缅甸，暴露于该风险之中。另一种潜在的风险传播渠道是通过外国直接投资。由于中国是柬埔寨、老挝、缅甸和越南最主要的投资者之一，如果中国经济增长大幅放缓，那么从中国流向柬埔寨、老挝、缅甸和越南的外国直接投资很可能受到负面影响。中国经济增速减缓可能衍生的金融风险也会影响本地区的国内金融市场，增加宏观金融管理的复杂性。然而，鉴于柬埔寨、老挝、缅甸和越南与中国在金融方面联系有限，其受到中国金融市场波动的溢出效应也相对有限。

伴随着日本继续在东盟和中日韩地区充当主要贷款机构和投资者的角色，区域性金融流动也有所增加。正如报告第一部分所指出的，日本低利率环境提振日本的银行跨境贷款与投资。由于日本国内净息差缩小以及日本企业需要支持全球价值链的建设，日本的银行大幅扩张了海外放贷规模。日本银行业的海外贷款持续较快增长[45]。图2.10表明，在全球金融危机爆发后，日本银行大幅增加了对亚洲的贷款，填补了欧洲和美国留下的空白。同样，在证券投资方面，日本投资者为增加收益，重新配置了在海外的投资（见图2.11）。

---

[45] 日本央行：《金融体系报告》，2016年10月。

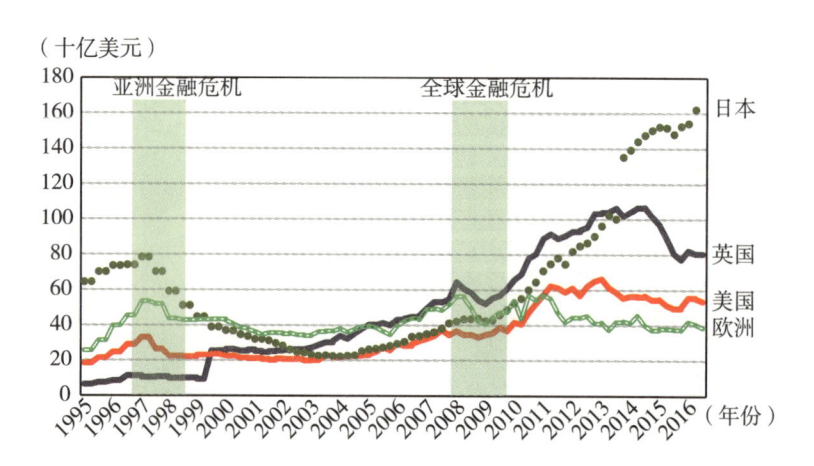

图2.10 日本跨境贷款与欧盟、美国对东盟（除新加坡外）贷款的对比

注：数据基于国际清算银行的国际银行业统计数据库，有一些国家向国际清算银行报告数据，该数据库涵盖了总部设在这些国家的银行的全球合并头寸，包括其外国子公司的头寸，但不包括内部头寸。

资料来源：国际清算银行银行业综合统计数据库。

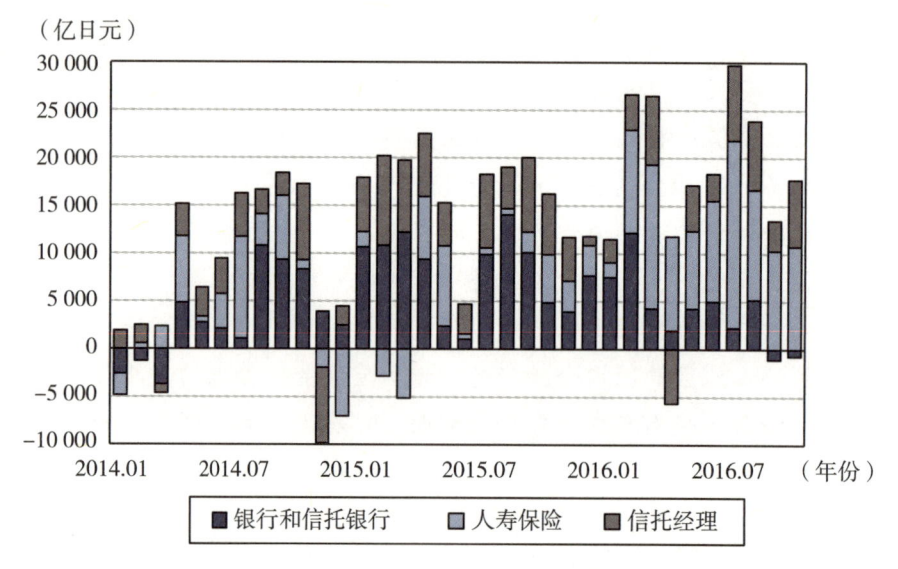

图2.11 日本机构投资者在亚洲的投资净交易

资料来源：各经济体、国际清算银行及AMRO测算。

日本对外投资和放贷的积极性趋势可能会持续，日本各大银行也通过并购大幅增加了在东盟地区的业务。比较大规模的收购包括：日本的银行购买了泰国大城府银行的主要股权、菲律宾证券银行的战略股份以及越南股份制商业银行（越南工商银行）的股份。日本三大银行也都获得了缅甸的银行执照，这是缅甸第一阶段银行业自由化的一部分。日本的银行多年来对本地区的贷款稳步上升，表明日本对本地区实施了持续放贷的长期策略。

在美国和欧元区大规模货币政策的刺激下，区内资金流动有所增加。全球持续性低利率支持了本地区向内需导向的增长模式进行调整（见图2.12，图2.13）。本地区经济体经济增长动力可能会从出口转向内需，利用信贷和低融资成本促进投资和消费。

从发达经济体流向新兴市场（包括东盟与中日韩）的逐利资本流动增加了国内流动性，并为促进国内消费和房地产投资的企业和家庭提供了低成本融资。

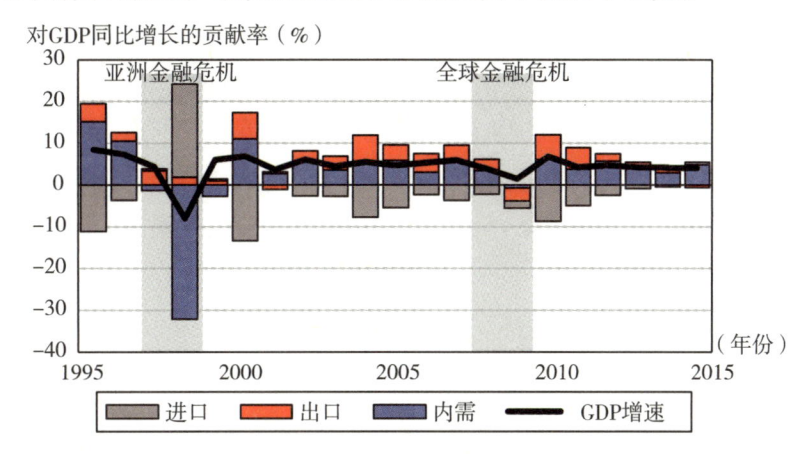

图2.12 金融危机爆发后，出口对经济增长的贡献减弱，内需的贡献保持强劲

注：简单起见，忽略存货和统计差异的影响。

资料来源：世界银行。

图2.13 全球金融危机期间东盟四国和韩国较好的劳动力市场形势支持了危机后内需主导的经济增长

资料来源：各经济体。

然而，全球金融危机后发达经济体实施的非常规货币政策和低利率政策引发的持续性资本流入也给东盟经济体带来了诸多挑战。第一，大量且持续的资本流入导致快速的信贷扩张、资产价格上涨、杠杆率上升以及时而发生货币错配和期限错配，给接受资本流入的经济体造成了金融脆弱性，加大了金融周期的顺周期性，即金融周期上冲幅度越高，下跌时就越剧烈及痛苦。第二，资本流动的波动会导致并放大金融市场的波动，这在缺乏广度和深度的东盟地区金融市场尤为严重。此外，资本流动的突然逆转具有破坏性，如果管理不当可能会造成巨大损失。就像亚洲金融危机期间出现的可能后果是汇率大幅贬值、金融动荡和严重的经济衰退。

持续的资本流入不仅使货币政策的实施变得更加复杂，而且会削弱货币管理的效力。例如，大量的资本流入已经导致许多东盟经济体出现汇率升值和流动性过剩的现象。东盟各国央行在解决流动性过剩问题的同时,采取了对冲干预措施来减弱货币升值压力。通过加息来紧缩国内经济的效果可能会被这些大量流入的资本抵消,反而吸引更多资本流入。而且,加息可能与这些国家的经济运行周期不符。因此,货币政策不再是"独立的",因为它受资本流动的影响。从这个意义上讲,全球金融周期将由"三难选择"转化为"两难选择",即只有在资本账户管理的情况下独立的货币政策才有可能实现。因此,在许多东盟经济体中,虽然货币政策侧重于控制通胀,但实施与宏观基本面相符的汇率对冲干预也是常态,在此过程中,它们积累了外汇储备以应对外汇流动性突然中断的风险。

政策管理面临的挑战

东盟经济体应吸取亚洲金融危机的经验教训,在加强资本流动管理时明智地实现经济增长和金融稳定的目标。资本流动会增加资产价格上涨风险,如果管理不当可能会出现负面溢出效应,影响企业、家庭和银行业。近年来,尽管东盟经济体从资本流动中受益不少,但强劲的资本流入使其货币政策复杂化,因为政策利率只能部分地起到"隔离"经济周期的作用。这也引起了各方对企业和家庭不断增加的杠杆率的担忧。

东盟与中日韩地区的政策制定者在国际上最为积极地使用宏观审慎政策来管理金融稳定风险,同时从资本流动中获益。政策制定者将货币政策和宏观审慎政策相结合,以实现价格和金融稳定。这需要加强机构间的协调,并向公众表明这样政策组合的目的。表2.3列出了控制金融稳定风险的主要宏观审慎措施,其中包括:

表2.3　　　　　　　　　　宏观审慎政策(若干经济体)

经济体	政　　策
中国	2016年,对部分城市推出住房限购措施,并提高房贷首付
中国香港	将住宅物业交易的从价印花税上调至15.0%
新加坡	根据借款人已有房贷情况分级设定购房的贷款价值比,引入房贷期限上限和总债务偿还率
印度尼西亚	提高购房的贷款价值比,降低首付比例
越南	从2017年1月起,将房地产贷款的风险权重从150.0%提高到200.0%,将短期融资与中长期贷款的比例降至50.0%
柬埔寨	2016年3月大幅上调银行最低资本金比例
韩国	加强现行有关银行外币流动性的监管规定

注:该表列出了2016~2017年若干经济体采取的措施。

(1)宏观审慎政策,如贷款估值比和偿债率等指标,通常针对某些资产市场特别是房地产市场出现的风险。

(2)资本流动管理措施,如外汇存款准备金要求、对外国人(如泰国和印度尼西亚)在预扣税、债券持有期方面的限制,以此防控资本流入激增带来的风险。

(3)外汇干预措施也被用于处理可能对资产负债表产生负面影响的汇率过度波动问题。同时,汇率灵活性的提高使得政策制定者能结合外汇干预和汇率调整来解决这个问题。

虽然2008年全球金融危机对本地区产生的影响弱于亚洲金融危机,但部分经济体的传染效应、资本外流和美元流动性紧缩等情况强化了政策制定者建立缓冲机制并加强区域金融安排的决心。近十年来，本地区尤其是中国积累了大量外汇储备，并将外储作为抵御外部冲击的第一道防线。此外，区域政策制定者在2010年3月将清迈倡议从一系列的双边货币互换协议升级为多边货币互换（清迈倡议多边化协议），并在2014年7月将清迈倡议多边化互换总规模从1 200亿美元扩大到2 400亿美元。

三、2017年：在全球化经济中重建与增长

2017年为亚洲金融危机爆发20周年，这一危机事件仍为本地区的政策制定者提供着有价值的经验。第一，在20世纪80年代末到90年代初，政策重点是应对财政赤字和通胀风险，但亚洲金融危机使政策重点转向金融市场和资本外流所带来的风险上。第二，亚洲金融危机强调了在投资者看来"类似"的经济体之间的传染速度和影响。随着金融危机蔓延，经济基本面恶化，进而触发恶性循环。第三，亚洲金融危机强调了在国内建立更加灵活、可靠的政策框架以及本地区进一步加强金融合作以应对外部冲击的必要性。

国内政策框架面临的挑战

就国内政策框架而言，本报告的第一部分关于宏观经济前景和挑战的内容已经强调了区域政策制定者通过汇率调整、适当的财政刺激以及稳健而务实的宏观审慎政策来应对外部冲击和溢出效应。使用这些强化的政策工具是对本地区在过去20年里建立起来的政策机制的证明。例如，在货币政策方面，建立（或重建）中央银行的信誉和沟通框架以及货币政策工具，以确保政策利率调整顺利传导至市场利率。在财政政策方面，财政规则和整顿已经提高了财政当局的能力，使其能以更有效率的方式分配财政资源。本地债券市场的发展有助于货币政策的传导，也为财政需求提供了额外的融资来源。在宏观审慎政策方面，为实施诸如房地产领域的贷款价值比等工具需要有监测和执行这些措施的管理能力以及协调其他政府机构的能力。

全球金融危机后，本地区流入的全球低成本资本弱化了货币和财政政策的政策限制力。在资本流入和经济周期上行的情况下，宏观审慎政策在很大程度上是有效的，但在资本外流和经济低迷的风险情况下，这些政策尚未得到检验。因此，面对当前全球政策不确定性（可能还包括非经济事件的不确定性），政策制定者需要保持政策纪律，并灵活应对迅速变化的全球环境，协调不同的政策制定和执行机构，并确保政策意图很好地传达到市场。

除了这些中短期的政策挑战外，由于本地区处在经济发展的较高阶段，因此还面临着结构性的增长挑战。在低增长的背景下，体现在实体基础设施及人力资本方面的增长"瓶颈"问题日益突出。自亚洲金融危机后，投资持续低迷，全要素生产率在区域经济体中已经放慢增长（见图3.1），这些结构性问题可能会影响追赶发达经济体的进程（见图3.2，图3.3）。

图3.1 后全球金融危机时代，印度尼西亚、马来西亚、韩国和泰国的全要素生产率增长放缓

注：世界大企业联合会是一个全球范围内私营的独立商业会员和研究协会，致力于公共服务。它还负责编制被广泛遵循的基准指数，如领先指标指数和消费者信心指数等。

资料来源：世界大企业联合会：《总体经济数据》，2016年11月。

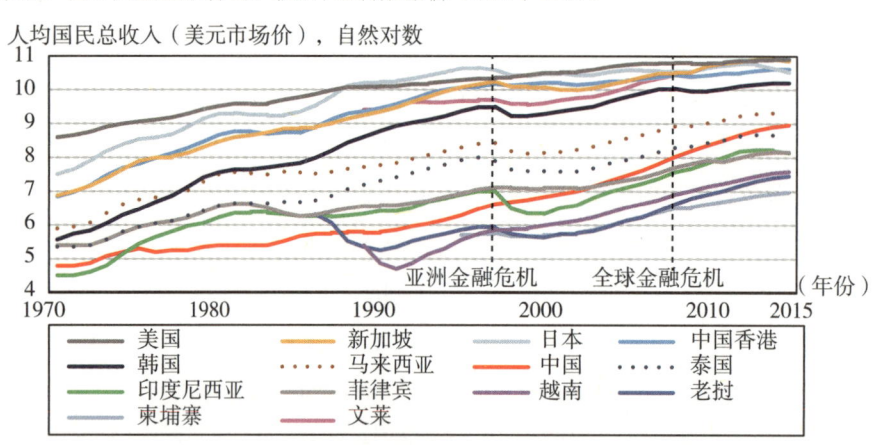

图3.2 追赶阶段的人均国民收入

注：人均国民收入按美元现价使用Atlas方法计算得到。文莱最新的数据截至2012年。

资料来源：世界银行。

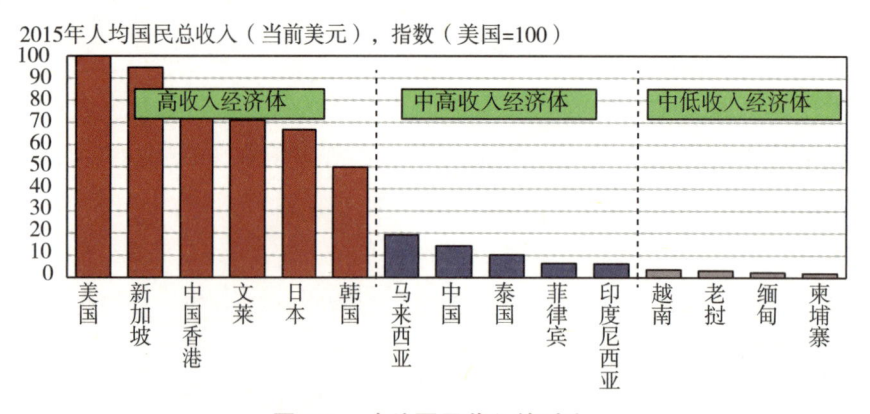

图3.3 人均国民收入的对比

注：人均国民收入按美元现价使用Atlas方法计算得到。文莱的数据截至2012年，而缅甸是2014年的数据。基于世界银行的定义，高收入经济体：人均国民收入＞12 476美元，中高收入经济体：4 036美元＜人均国民收入＜12 475美元，中低收入经济体：1 026美元＜人均国民收入＜4 035美元。

资料来源：世界银行。

面对这些近期的限制和长期的结构性挑战,当务之急是加快结构性改革,以解决要素投入和生产率低效的问题。在这方面,本地区的政策制订者正在着手制订其结构性改革议程(见表3.1)。这些改革措施将需要在政策上持续予以重视和有较强的政治意愿来推动,才能在长期取得收益。

(1)解决经济基础设施中的"瓶颈"问题。

(2)通过增加劳动力参与率和劳动力技能,提高要素投入。

(3)调动地区的储蓄以支持投资需求,包括发展本币债券市场。

表3.1 结构性改革议程(部分经济体)

	实体部门
中国	推行"供给侧"改革和国有企业改革,简政放权,让市场发挥更加决定性的作用
印度尼西亚	改善营商环境,简化业务流程
新加坡	通过企业退税和各种商业赠款,为中小企业提供更多在经济中发挥突出作用的机会
泰国	采用集群发展政策,通过引入投资激励和促进先进技术的使用,来加强产业价值链。政府还加强了对数字经济发展的倡议,例如实施国家电子支付总体计划
缅甸	不断努力改善营商环境和简化业务流程;实施新投资法(包括国内和外国投资)以改善投资前景
越南	计划和投资部门已被指派进行各项指标的监测,以改善营商环境和提高竞争力
	财政部门
中国	实施财税改革,包括用增值税代替营业税
印度尼西亚	降低某些行业的税率,以进一步促进发展
缅甸	继续加强公共财政管理,实行财政审慎政策,此外,通过提供更多资源以及国税部门的现代化,来扩大税收基础
老挝	加强财政审慎政策,加大税收征管力度
中国香港	2013年成立了一个长期财政规划工作组,研究如何在人口老龄化的情况下确保财政的可持续性,基于工作组的建议,2016年成立了一只基金,以确保增加财政储备的投资回报
	金融部门
中国	改善宏观审慎框架,加强监管,控制杠杆
印度尼西亚	放宽小额贷款补贴的资格标准,简化伊斯兰金融产品的监管和批准程序
缅甸	2015年4月实施现金储备要求,对所有银行在2016年10月全面生效,并持续改善对中小企业和农业相关企业信贷
越南	根据《2016~2020年经济重组计划》,金融领域的目标包括对信贷机构进行重组,降低系统风险,提高运营效率
老挝	重组和调整三家国有银行
中国香港	将金融业作为一个重要的增长推动因素,并采取了一系列措施,包括建立沪港通和深港通,启动了基建融资促进办公室(IFFO)和金融科技促进办公室(FFO)
	劳动力与生产力
新加坡	努力通过各种计划和投资教育基础设施来提高当地劳动力的技能和生产力;逐渐减少对外国工人的依赖

注:表3.1显示部分经济体最近采取的部分措施。

区域金融合作面临的挑战

亚洲金融危机标志着本地区在应对外部冲击和危机蔓延方面开展更广泛区域合作的开始。本地区一直对贸易和投资流动持开放态度，但随之而来的是经济全球化冲击的风险。在共同管理这些风险方面，过去20年里，本地区在建立和加强区域安全网方面（如清迈倡议多边化协议）取得了显著进展，以补充全球安全网。通过加强宏观经济监测支持的区域安全网以及各国自身的政策框架和缓冲机制，本地区经济体抵御冲击的韧性将会提高，并使区域经济能够保持相对强劲的增长。

本报告第一部分关于宏观经济展望与挑战中提到，尽管用传统的储备充足性指标来衡量，本地区经济体的外汇缓冲（如短期外债的覆盖率和对进口月份的覆盖率）处于高位，但对外汇储备充足这一定义的市场预期似乎已经发生了变化。市场观点大致上认为，目前高水平外汇储备是一种"下限"，而外汇储备不应大幅低于这一水平。随着市场预期的变化和全球政策不确定性上升，全球和地区金融安全网如清迈倡议多边化协议，在增强经济缓冲以应对外部冲击和传染风险方面，将发挥着更加重要的作用。

从更广义的角度看，全球政策环境正面临着转变的风险，即在美国影响下，对贸易和潜在的其他经济关系采取更偏向双边主义的方式，这挑战着多边经济合作的模式和利益。在本地区，全球金融危机后的区域一体化和资本流动推动了本地区的经济发展和升级。中产阶级迅速崛起带动了区域贸易增长，已逐渐抵消了由于发达经济体需求疲软而造成的对本地区出口的影响，而区域直接投资和资金流动则为投资提供了资金并促进了技术转让。在当前的全球环境下，政策制定者确认他们对区域金融合作的承诺将有助于稳定市场预期，为本地区的持续增长和发展提供坚实的政策基础。

2017 东亚区域经济展望报告 | 亚洲金融危机20年回顾
ASEAN+3 REGIONAL ECONOMIC OUTLOOK 2017

ASEAN+3 Region:
20 Years after the Asian Finanicial Crisis

附录1
基于全球向量自回归（GVAR）模型的溢出效应研究

1.0 引言和文献回顾[46]

全球向量自回归（GVAR）模型经常被用于研究国际经济冲击对亚洲经济体产生的溢出效应。为了研究这些溢出效应，本报告也采用了GVAR模型进行时间序列的实证分析（Pesaran, Schuermann, Weiner, 2004; Dees, di Mauro, Pesaran, Smith, 2007; Dees, Holly, Pesaran, Smith, 2007）。本实证研究部分主要用两类GVAR模型进行估计：实体经济部门的GVAR模型（估计通过贸易渠道传递的冲击）和金融部门的GVAR模型（估计通过银行或公司以及股票市场渠道传递的冲击）[47]。具体而言，中国、美国、日本工业生产增长率、进口额和短期利率的变化将给27个样本国家（包括东盟与中日韩，样本国家名称及其缩写见表附1.1）带来意外经济冲击，而实体经济部门的GVAR模型旨在量化这些冲击的幅度大小和扩散过程。相较而言，金融部门的GVAR模型旨在量化来自中国、美国、日本以及英国的银行或企业困境、短期利率和股票价格的变化给上述样本国家（除文莱、老挝、缅甸）带来冲击的幅度大小和扩散过程。

表附1.1　　　　　　　　　　样本国家名称及其缩写

国名	缩写	国名	缩写	国名	缩写
巴西	bra	日本	jpn	菲律宾	phi
印度尼西亚	idn	墨西哥	mex	新加坡	sgp
马来西亚	mys	沙特阿拉伯	sau	土耳其	tur
南非	zaf	泰国	tha	新西兰	nzl
英国	gbr	美国	usa	文莱	brn
法国	fra	中国	chn	柬埔寨	khm
德国	deu	印度	ind	老挝	lao
意大利	ita	韩国	kor	缅甸	mmr
西班牙	esp	澳大利亚	aus	越南	vnm

总体来说，GVAR模型构建了一个由各个经济体的VAR模型构成的全局系统，其中每个VAR模型通过所谓的"国外"变量相联系。模型的核心思想是将某国的国外变量定义为其他经济体国内变量的确定性函数。估计模型参数时，假定国外变量为外生变量，再逐个估计各国的VAR模型。做脉冲响应等动态分析时，将基于连接国外变量和其他经济体国内变量的恒等方程处理整个系统。

GVAR模型极具灵活性，已被应用于多个领域的研究，如宏观经济（Dees, di Mauro, Pesaran, and Smith, 2007）、工业部门（Hiebert and Vansteenkiste, 2010）、债

---

[46] 附录内容由AMRO和日本成蹊大学的Tomoo Inoue教授合作完成。

[47] 此处金融部门的GVAR模型在Chen, Gray, N'Diaye, Oura and Tamirisa（2010）的基础上加以拓展。

券市场（Favero，2013）、房地产市场（Vansteenkiste，2007）、财政失衡（Caporale and Girardi，2013）、美国信贷供给冲击（Eickmeier and Ng，2015）等。该模型还被用于衡量中国经济增速放缓带来的影响（Gauvin and Rebillard，2015；Inoue，Kaya，and Oshige，2015）、石油和食品价格震荡对国内物价指数（Galesi and Lombardi，2009）和生产水平（Inoue and Okimoto，2016）的影响。

模型简介

作为GVAR模型的基本组成部分，第i个国家（$i=1,\cdots,N$）的VARX*（p,q）模型（加上外生变量的VAR模型）定义为如下形式：

$$\Phi_i(L,p_i)x_{i,t} = a_{i0} + a_{i1}t + \Lambda_i(L,q_i)x_{i,t}^* + \Psi_i(L,q_i)\omega_t + u_{it} \qquad (1)$$

其中，$x_{i,t}$表示国家i的国内变量向量，$x_{i,t}^*$表示国外变量向量，ω_t表示全球共同变量向量，a_{i0}和a_{i1}表示常数项和时间趋势系数，p_i代表国家i国内变量的滞后阶数，q_i代表国家i国外变量和全球共同变量的滞后阶数，$\Phi_i(L,p_i)$，$\Lambda_i(L,q_i)$，$\Psi_i(L,q_i)$分别表示p_i阶、q_i阶和q_i阶的系数矩阵多项式，u_{it}表示特异性误差。u_{it}也可以理解为各国的自发冲击向量，我们假设u_{it}是非序列相关的，均值为零，且协方差阵非奇异，即$u_{it}\sim i.i.d.(0,\Sigma_{ii})$。

国外变量向量$x_{i,t}^*$中的元素由其他经济体的国内变量决定。对时间t，定义国家i的第一个国外变量为$x_{it}^{*(1)}$，国家j的第一个国外变量为$x_{jt}^{(1)}$。二者关系由以下形式设定，其中权重w_{ij}代表国家i和国家j的"密切程度"。

$$x_{i,t}^{*(1)} = \sum_{j=1}^{N} w_{ij} x_{jt}^{(1)} \qquad (2)$$

根据定义，$w_{ii}=0,\sum_{j=1}^{N}w_{ij}=1,i=1,\cdots,N$。如果国家$j$的$x_{jt}$变量缺失，则相应地调整$\{w_{ij}\}_{i=1}^{N}$。[48]

对于实体经济部门的GVAR，权重因子w_{ij}通过每个样本国家的贸易权重计算得到。国家i关于国家j的贸易权重w_{ij}定义如下：

$$w_{ij} = \frac{国家i与国家j双边贸易流量的样本均值}{\sum_{k=1}^{N}国家i与国家k双边贸易流量的样本均值} \qquad (3)$$

其中，"双边贸易流量"指两国间进出口总额，数据源于IMF的*Direction of Trade Statistics*，并使用2001~2015年贸易流量的平均值[49]。

---

[48] 从技术上来讲，针对不同的变量，我们可以使用不同的w_{ij}。比如，利用资本流入数据来构建针对金融变量的金融权重。实证例子详见Galesi 和 Sgherri（2009）以及Ng（2015），计量经济方面详见Smith 和 Galesi（2014）。

[49] 考虑到2001年中国加入世界贸易组织，采用时变贸易数据计算权重因子更为自然。下一阶段，我们将用时变权重替代不随时间变化的常数权重。

对于金融部门的GVAR，权重因子w_{ij}通过样本国家引入的投资资本权重计算得到。国家i关于国家j的权重w_{ij}定义如下：

$$w_{ij} = \frac{\text{国家}j\text{对国家}i\text{的投资资本的样本均值}}{\sum_{k=1}^{N}\text{国家}k\text{对国家}i\text{的投资资本的样本均值}} \quad (4)$$

其中，"投资资本"指外商直接投资总额（数据源于IMF *Coordinated Direct Investment Suevey*）和全部其他投资形成的资产总额（数据源于IMF *Coordinated Portfolio Investment Survey*）。外商直接投资额如果为负数，则用0替代。外商直接投资和其他证券投资的样本区间分别为2008~2015年和2001~2015年。

我们用以下模型来描述全球共同变量ω_t的动态变化：

$$\Phi(L,p)\omega_t = \mu_0 + \Lambda(L,q)\tilde{x}_{t-1} + \eta_t \quad (5)$$

其中，p为全球共同变量的滞后阶数，q为反馈变量$\tilde{x}_t$的滞后阶数，$\tilde{x}_t$由GVAR模型中经济体国内变量决定，其第一个分量定义为：

$$\tilde{x}_t^{(1)} = \sum_{i=1}^{N} \tilde{w}_i x_{it}^{(1)} \quad (6)$$

其中，$\tilde{w}_i$是构造反馈变量的相应权重[50]。

在估计国家VARX*模型和全球共同变量的VARX模型时，x_{it}^*和$\tilde{x}_t$直接由数据计算得出。然而，在进行动态分析时，如估计脉冲响应函数，x_{it}^*和$\tilde{x}_t$则通过$\{x_{jt}\}$，$j=1,\cdots,N$的预测值计算得到，$\{x_{jt}\}$可由方程（1）、（2）、（4）、（5）联立解得。因此，GVAR模型不仅能反映国家内部变量间的动态关系，还能用来描述国与国之间的相互影响关系。

由后面的内容可知，各国模型和全球模型中的变量基本为一阶单整序列。也即，如果这些变量间存在长期均衡关系，那么VARX*模型具有相应的外生变量（VECMX*）形式的向量误差修正模型。如果长期均衡关系确实存在，它们将被应用于广义脉冲响应函数的估计。

2.0 模型估计与检验

2.1 数据说明

在实体经济部门的GVAR模型中，我们采用月度数据，估计了27个国家的VARX*模型和一个商品价格的VARX*模型。模型中包括14个亚洲国家（印度尼西亚、马来西

---

[50] 权重$\tilde{w}_i$也不是时变的。本研究采用2009~2011年的GDP（按当前国际购买力平价计算）均值计算$\tilde{w}_i$，数据源于世界银行的世界发展指标数据库。

亚、日本、泰国、中国、印度、韩国、菲律宾、新加坡、文莱、柬埔寨、老挝、缅甸和越南)。对于金融部门的GVAR模型,由于部分数据缺失,我们没有估计文莱、老挝和缅甸的国家模型(只建立了24个国家VARX*模型)。数据来自IMF的IFS数据库、穆迪和各国官方统计机构,时间范围为2001年1月~2015年12月(实体经济部门模型)和2000年1月~2015年12月(金融部门模型)。

在实体经济部门的GVAR模型中,国家模型VARX*中的向量x_{it}最多包括了6个变量:工业产出y_{it}(简记为ip)、消费物价总指数p_{it}(cpi)、名义出口额(本币计价)ex_{it}(exclu)、名义进口额(本币计价)im_{it}(imclu)、名义有效汇率e_{it}(neer)和短期利率r_{it}(rshort)[51]。由于部分国家的y_{it}、e_{it}和r_{it}数据缺失,这三个变量仅在数据可获得时加以考虑,详见表附1.2。

表附1.2　　　　　　　　　　国内变量列表(实体经济部门)

	国名	缩写	工业产出 ip	消费物价指数 cpi	出口额(本币计价) exlcu	进口额(本币计价) imlcu	名义有效汇率 neer	短期利率 rshort
1	巴西	bra	O	O	O	O	O	O
2	印度尼西亚	idn	O	O	O	O	O	O
3	马来西亚	mys	O	O	O	O	O	O
4	南非	zaf	O	O	O	O	O	O
5	英国	gbr	O	O	O	O	O	O
6	法国	fra	O	O	O	O	O	O
7	德国	deu	O	O	O	O	O	O
8	意大利	ita	O	O	O	O	O	O
9	西班牙	esp	O	O	O	O	O	O
10	日本	jpn	O	O	O	O	O	O
11	墨西哥	mex	O	O	O	O	O	O
12	沙特阿拉伯	sau	O	O	O	O	O	—
13	泰国	tha	O	O	O	O	O	O
14	美国	usa	O	O	O	O	O	O
15	中国	chn	O	O	O	O	O	O

---

[51] 我们对除去短期利率以外的时间序列做了季节性检验。季节性调整后,对异常值进行检测,详见附录。

续表

	国名	缩写	工业产出 ip	消费物价指数 cpi	出口额（本币计价）exlcu	进口额（本币计价）imlcu	名义有效汇率 neer	短期利率 rshort
16	印度	ind	○	○	○	○	○	○
17	韩国	kor	○	○	○	○	○	○
18	澳大利亚	aus	○	○	○	○	○	○
19	菲律宾	phl	○	○	○	○	○	○
20	新加坡	sgp	○	○	○	○	○	○
21	土耳其	tur	○	○	○	○	○	○
22	新西兰	nzl	○	○	○	○	○	○
23	文莱	brn	—	○	○	○	—	—
24	柬埔寨	khm	○	○	○	○	—	—
25	老挝	lao	—	○	○	○	—	—
26	缅甸	mmr	—	○	○	○	—	—
27	越南	vnm	○	○	○	○	—	○

注：圆圈代表数据可获得，空白表示相应指标数据缺失（样本区间内部分或全部缺失），故从数据集中剔除。

对 $i=1,\cdots,N$，国内变量向量 $x_{it}=(y_{it},\ p_{it},\ ex_{it},\ im_{it},\ e_{it},\ r_{it})'$，其中：

$$y_{it}=100\times\log(\text{工业产出})$$
$$p_{it}=100\times\log(\text{总体CPI})$$
$$ex_{it}=100\times\log\text{名义出口额}$$
$$im_{it}=100\times\log\text{名义进口额}$$
$$e_{it}=100\times\log\text{名义有效汇率}$$
$$r_{it}=\text{短期利率}(\%)$$

对数变换前，我们先对工业产出、消费物价总指数、进出口额和名义有效汇率数据进行归一化处理，这样，2009年1月~2011年12月期间的样本均值为100。

在金融部门的GVAR模型中，国家模型VARX*中的向量 x_{it} 最多包括了6个变量：金融部门预期违约率 $edff_{it}$（简记为edff）、企业预期违约率 $edfc_{it}$（edfc）、实际短期利率 r_{it}（rint）、实际资产净值 q_{it}（req）、工业产出 y_{it}（ip）和实际有效汇率 e_{it}（reer）[52]。若某一指标数据缺失，则将其从国内变量集中剔除，见表附1.3。

---

[52] 对工业产出指标做了季节调整，并处理了异常值。

表附1.3　　　　　　　　　国内变量列表（金融部门GVAR）

	国名	缩写	金融部门预期违约率 edff	企业预期违约率 edfc	实际短期利率 r	实际资产净值 q	工业产出 ip	实际有效汇率 reer
1	巴西	bra	O	O	O	O	O	O
2	印度尼西亚	idn	O	O	O	O	O	O
3	马来西亚	mys	O	O	O	O	O	O
4	南非	zaf	O	O	O	O	O	O
5	英国	gbr	O	O	O	O	O	O
6	法国	fra	O	O	O	O	O	O
7	德国	deu	O	O	O	O	O	O
8	意大利	ita	O	O	O	O	O	O
9	西班牙	esp	O	O	O	O	O	O
10	日本	jpn	O	O	O	O	O	O
11	墨西哥	mex	O	O	O	O	O	O
12	沙特阿拉伯	sau					O	O
13	泰国	tha	O	O	O	O	O	O
14	美国	usa	O	O	O	O	O	O
15	中国	chn	O	O	O	O	O	O
16	印度	ind	O	O	O	O	O	O
17	韩国	kor	O	O	O	O	O	O
18	澳大利亚	aus	O	O	O	O	O	O
19	菲律宾	phl			O	O	O	O
20	新加坡	sgp	O	O	O	O	O	O
21	土耳其	tur	O	O	O	O	O	O
22	新西兰	nzl	O	O	O	O	O	O
23	文莱	brn	O	O	O	O	O	O
24	柬埔寨	khm	O	O	O	O	O	O
25	老挝	lao	O	O	O	O	O	O
26	缅甸	mmr					O	
27	越南	vnm			O		O	

注：圆圈代表数据可获得，空白表示相应指标数据缺失（样本区间内部分或全部缺失），故从数据集中剔除。

对 $i=1, \cdots, N$,国内变量向量 $x_{it}=(edff_{it}, edfc_{it}, r_{it}, q_{it}, y_{it}, e_{it})'$,其中:

$edff_{it}$=穆迪预测的金融企业预期违约率

$edfc_{it}$=穆迪预测的非金融企业预期违约率

r_{it}=实际短期利率(%)

$q_{it}=100 \times \log$(资产净值/CPI)

$y_{it}=100 \times \log$(工业产出)

$e_{it}=100 \times \log$实际有效汇率

实际短期利率通过名义短期利率减掉过去年度整体通胀率得出(Galesi and Sgherri, 2009)。对于美国,采用Wu-Xia指数作为名义短期利率。

对于实体经济的GVAR模型,国外变量集 x^*_{it} 由公式(2)给出。根据Pesaran, Schuermann and Weiner(2004)和Galesi and Lombardi(2009)的分析,考虑到国内和国外名义有效汇率间有较强相关性,故将国外的名义有效汇率指标从国家模型VARX*中剔除。再有,为反映样本区间内美国是唯一的大型开放经济体,假定美国外的金融市场不会对其经济产生影响,故美国模型没有考虑 r^*_{it},见表附1.4。

表附1.4　　　　　　　　实体经济部门GVAR模型的变量集

	各国VARX*模型			商品价格的VAR模型	
	国内变量 x_{it}	国外变量 x^*_{it}	全球变量 ω_t	内部变量 ω_t	反馈变量 $\tilde{x}_t$
工业产出	y_{it}	y^*_{it}			$\tilde{y}_t$
消费物价指数(总体)	p_{it}	p^*_{it}			
出口额(本币计价)	ex_{it}	ex^*_{it}			
进口额(本币计价)	im_{it}	im^*_{it}			
名义有效汇率	e_{it}				
短期利率	r_{it}	r^*_{it}			
原油价格			p^o_t	p^o_t	
食品价格			p^F_t		p^F_t

注:国外短期利率变量 r^*_{it} 只在美国的VARX*模型中予以剔除。

对于金融部门的GVAR,国外变量集 x^*_{it} 同样由公式(2)给出。正如Pesaran, Schuermann and Weiner(2004)和Galesi and Lombardi(2009)所讨论的,由于国内和国外实际有效汇率间有较强相关性,故将国外的实际有效汇率指标从国家模型VARX*中剔除。进一步地,为反映样本区间内美国是唯一的大型开放经济体,假定美国外的金融市场不会对其经济产生影响,见表附1.5。

表附1.5　　　　　　　　　　金融部门GVAR模型的变量集

	各国VARX*模型			商品VAR模型	
	国内变量 x_{it}	国外变量 x_{it}^*	全球变量 ω_t	内部变量 ω_t	反馈变量 $\tilde{x}_t$
金融部门预期违约率	$edff_{it}$	$edff_{it}^*$			
企业预期违约率	$edfc_{it}$	$edfc_{it}^*$			
实际短期利率	r_{it}	r_{it}^*			
实际资产净值	q_{it}	q_{it}^*			
工业产出	y_{it}	y_{it}^*			$\tilde{y}_t$
名义有效汇率	e_{it}				
原油价格			p_t^0	p_t^0	

注：美国的VARX*模型剔除了 $edff_{it'}^*$、$edff_{it'}^*$、$r_{it'}^*$、q_{it}^*。

全球共同向量 ω_t 包括两个物价指数：原油价格指数 p_t^0 的对数形式和食品价格指数 p_t^F 的对数形式，以反映国际商品市场变化产生的影响。

2017 东亚区域经济展望报告 | 亚洲金融危机20年回顾
ASEAN+3 REGIONAL ECONOMIC OUTLOOK 2017

ASEAN+3 Region:
20 Years after the Asian Finanicial Crisis

附录2 近期东亚经济形势

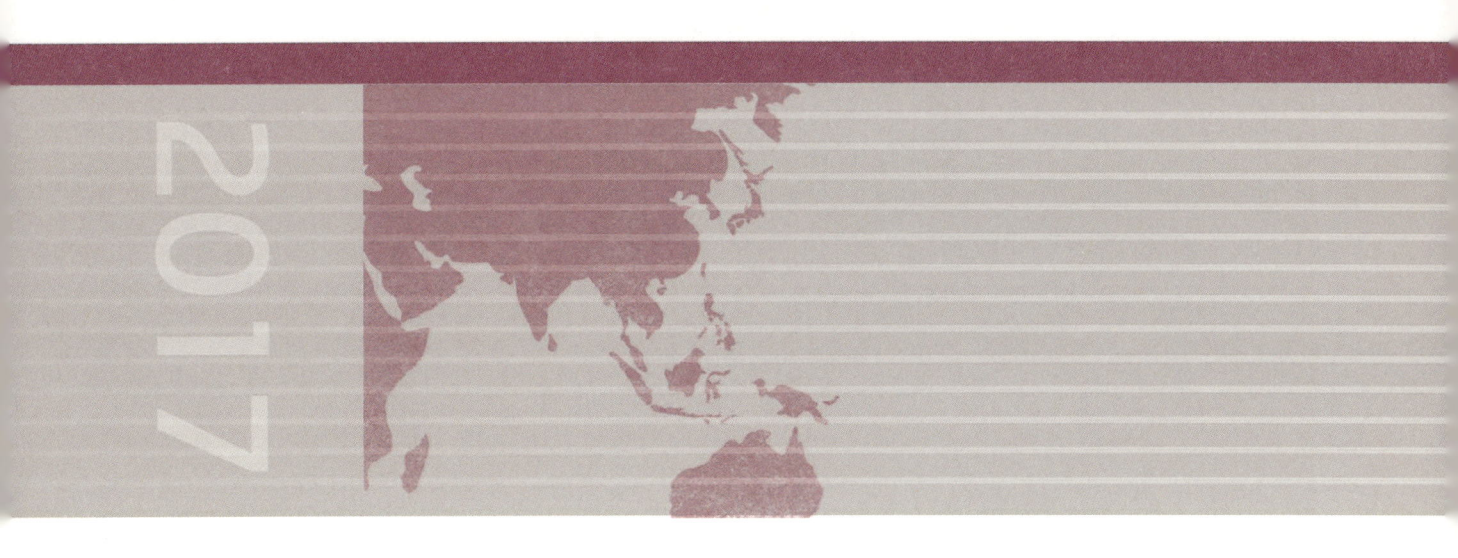

文莱

文莱经济在2015年经历了短期的改善后，由于2016年石油和天然气产量下降，经济再次出现萎缩。 石油和天然气产量大幅下降之后，2016年文莱的经济萎缩了2.5%。从支出方面来看，低油价造成政府收入紧缩，这不仅限制了政府消费，而且限制了公共投资。政府消费已连续两年出现萎缩。因此，文莱未来几年的经济增长前景主要取决于石油和天然气产量的增加、外国直接投资项目的建设，以及未来能否取得经济多元化战略的成功。由于石油和天然气生产中断，油气部门的贡献减弱，预计在2016年，文莱经济将持续萎缩。随着石油天然气生产设备维修进程的推进，以及一些大型外国直接投资项目的建设，预计在2017年文莱经济将逐渐恢复正增长。

由于进口价格低，需求相对疲软，文莱通货膨胀持续回落。 文莱元对贸易伙伴国家货币汇率的升值，使得文莱通胀率连续三年为负，国内需求也受到抑制。随着近期大宗商品价格上升，预计2017年通货膨胀将略有回暖，国内需求也会逐步改善。

从外部环境来看，文莱贸易收支一直保持顺差，但是过去三年受油价下跌的影响，顺差收窄。 石油和天然气价格的下降使得出口降幅超过进口，贸易顺差持续收缩。由于服务和二次收入账户存在赤字，经常账户顺差持续收缩。然而，国际储备能够覆盖约15个月的进口额，说明外部头寸依然具有良好的缓冲能力。

2016年银行信贷活动整体呈现略下降趋势。 文莱的银行信贷作用相对有限，这也反映在其相对较低的存贷比中。2016年第三季度存贷比为38.2%[1]，低于2015年底的数据，原因是国内经济活动疲软，银行贷款增长减速，不良贷款率略有上升，但总体而言，银行资本仍保持充足。

尽管近期石油和天然气价格出现回升，但文莱财政状况仍面临巨大压力。 连续四年盈余过后，文莱的财政收支在2014/2015财年转为赤字，约相当于GDP的1%。在2015/2016财年，财政赤字扩大到GDP的15.4%，从2016年下半年开始，随着油价回升，赤字将在2016/2017财年有所好转，预计约为GDP的13.1%。财政赤字不断上升的主要原因是，低油价导致石油相关收入大幅下降，远远超过了小规模的开支削减。然而，过去几十年财政盈余积累的庞大财政缓冲可以支持近几年的财政赤字。

文莱最近的经济发展重新强调了结构性改革政策的重要性，旨在将文莱建设成为更加多元化和有竞争力的经济体。 近期，文莱政府加强了改革力度，强化私人部门在经济中的作用，吸引更多的国外直接投资。例如，首相府协调设立了两个机构：

---

[1] 存贷比等于总贷款额/存款总额（非银行客户）之间的比率，数据基于文莱货币当局截至2016年12月的月度统计报告。

外商直接投资行动支持中心和文莱达鲁萨兰国企业，旨在促进外商直接投资，发展国内业务（尤其是中小企业）。在财政方面，政府已开始推行绩效预算管理，以改善公共财政管理。

文莱：主要经济指标图

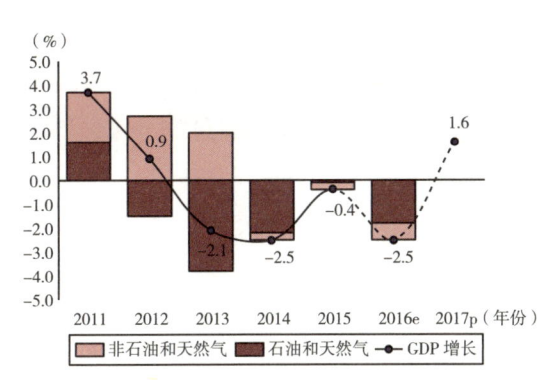

图附2.1 GDP增长连续四年萎缩，但是有望在2017年逐渐恢复

注：2016e指AMRO估计、2017p指AMRO预测。

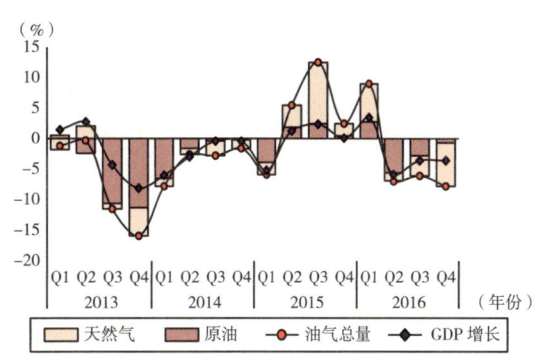

图附2.2 GDP增长与石油、天然气生产紧密相关

资料来源：文莱政府、AMRO计算。

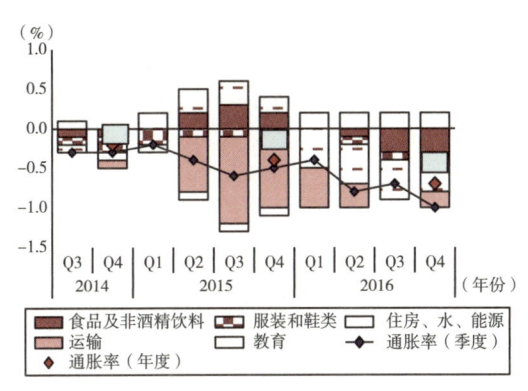

图附2.3 国内需求疲软，文莱元相对强势，2016年持续负通胀

资料来源：CEIC、AMRO计算。

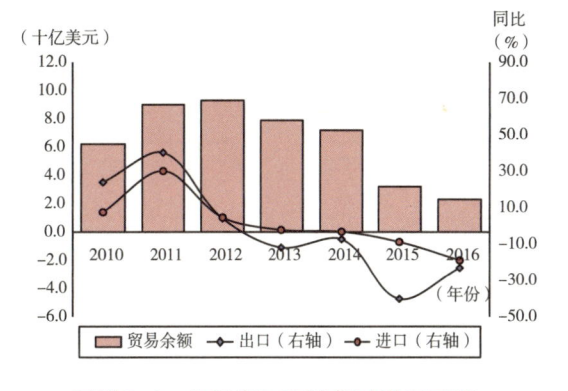

图附2.4 由于出口下降超过进口下降，贸易顺差持续收紧

资料来源：CEIC、AMRO计算。

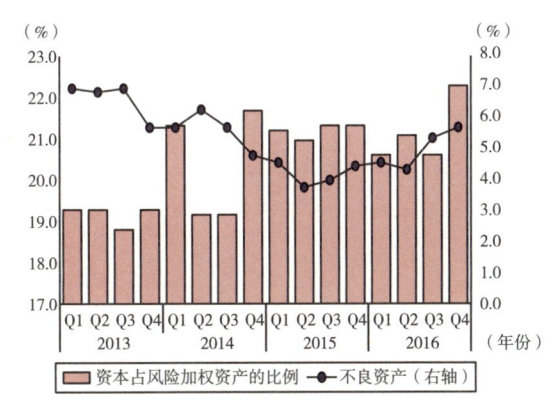

图附2.5 尽管不良贷款有所增加，但相对较高的资本充足率使银行有良好的缓冲能力

资料来源：CEIC、AMRO计算。

图附2.6 油价下跌，财政收支恶化

资料来源：文莱政府、AMRO计算。

附录2 近期东亚经济形势

文莱：主要经济指标表

表附 2.1

	2013年	2014年	2015年	2016年估计
实体经济及价格	(年百分比变动，除另作说明)			
GDP	−2.1	−2.5	−0.4	−2.5
政府消费	3.6	1.8	−3.6	−6.5
家庭消费	6.0	−3.7	5.2	−1.3
投资	11.9	−31.2	6.6	−11.1
商品与服务出口	−5.7	0.9	−10.8	−9.2
商品与服务进口	14.5	−30.9	−11.7	1.8
投资（占GDP的百分比）	39.6	27.4	35.2	34.6
GDP平减指数	−2.8	−1.8	−17.6	−9.2
消费者价格指数（平均）	0.3	−0.2	−0.4	−0.7
国际收支	（百万文莱元，除另作说明）			
贸易余额	8 652	9 418	4 267	3 047
经常项目余额	4 721	6 644	3 204	1 084 e/
占GDP的百分比	20.9	30.6	18.0	7.0 e/
总余额（百万美元）	116	72	−261	110 e/
国际储备总额（百万美元）	3 406	3 479	3 218	3 329
对商品与服务进口的覆盖月数	11.3	11.6	11.9	15.0
财政	（占GDP的百分比）			
收入和补贴	41.8	34.3	21.9	23.3 e/
石油和天然气收入	38.1	29.8	16.8	17.2 e/
支出	34.1	35.3	37.3	36.4 e/
经常性支出	24.2	26.5	29.2	28.5 e/
资本支出	9.8	8.8	8.0	7.9 e/
预算余额	7.7	−1.0	−15.4	−13.1 e/
货币金融部门	（年百分比变动，除另作说明）			
国内信贷（私人）	6.0	1.9	2.4	−5.3
广义货币	1.5	3.2	−1.8	1.5
储备货币	2.4	1.1	5.1	5.4
其他项目				
GDP（百万美元）	18 094	17 122	12 930	11 270
GDP（百万文莱元）	22 639	21 664	17 778	15 747.7
平均汇率（文莱元兑美元）	1.25	1.27	1.37	1.38
期末汇率（文莱元兑美元）	1.27	1.32	1.41	1.45

注：（1）四月/次年三月为一财年。（2）以e/结尾的数字为估计值。

资料来源：文莱政府、国际货币基金组织、AMRO计算。

柬埔寨

由于外部需求的持续改善，柬埔寨经济有望在2017年保持稳定增长。由于服装出口放缓，游客人数增长趋于平稳，估计2016年柬埔寨经济增长为6.9%。农业的改善和建筑业的稳定发展支持了2016年的整体增长。虽然外部需求疲软，但是在国内需求的支持下，预计2017年和2018年间，经济增长将保持在6.8%左右。整体通胀率在2016年升至3.0%，随着油价回升和食品价格上涨，预计整体通胀率在2017年将进一步升至4.0%，2018年升至4.2%。

柬埔寨的国际收支账户显著增强，这是由于其经常账户赤字大幅度下降以及持续的外商直接投资流入。2016年的贸易逆差有所改善，因为出口和消费相关的进口放缓程度超过了出口增长的下降。由于国际收支持续顺差，2016年12月国际储备总额达67.3亿美元，相当于5.5个月的商品和服务进口。随着对资本金要求新规的出台，金融领域的国外直接投资强劲增长了25%，而在其他行业的国外投资表现不一。展望未来，柬埔寨近期与中国签订了房地产投资项目，如果其可以实施，将大幅增加外商直接投资的流入。

虽然贸易赤字正在改善，但关键是要以增强出口竞争力来克服经济放缓。最低工资的增加导致劳动力成本上升，久而久之可能会削弱成本竞争力。此外，美元的强势和来自邻国的竞争也使柬埔寨对欧洲市场的服装出口增长放缓。2016年，柬埔寨对美国市场服装出口也在收缩。由于柬埔寨不是跨太平洋伙伴关系协定成员国，它可能会因该项贸易协定的流产而获益，外商直接投资也将得以持续。未来，出口增长的关键是要保持劳动力成本竞争力，改善基础设施和实现出口多样化。

持续的高度美元化使柬埔寨货币对美元汇率保持稳定。2016年第四季度，柬埔寨瑞尔兑美元的汇率的月度变化在正负1%的小范围内波动。2016年底，外币存款占广义货币和总存款的百分比分别为83.2%和93.7%。政府出台政策继续努力推广当地货币的使用并支持本币的流动性，例如央行提供流动性操作，以及对本币贷款占总贷款组合提出了最低比例要求。

2016年私人部门信贷增长继续放缓。2016年底，商业银行向企业和家庭的信贷增长下降到20.1%，企业贷款增长从2015年的20.4%降至17.5%，家庭贷款增速从44.7%降至36.8%。这种减速可能部分来源于对最低资本金和流动性覆盖率的规定。随着存款增长的放缓，存贷比保持稳定，其他财务指标至今也保持稳健。虽然缓慢的信贷增长有助于降低整体金融稳定的风险，但可能会导致资产质量下滑的压力，并对其他部门有潜在的溢出效应。由于美联储加息将导致更高的贷款利率，加之银行对贷款展期控制严格，这些可能会略微加剧某些银行和微型金融机构资产质量的恶化。

国内房地产市场，尤其是公寓楼盘，很可能要面临价格下滑压力。由于供给的不断增长，将继续对价格造成下行压力，而市场预期的变化可能导致需求的低迷。

由于征收有力，财政收入得到改善，与此同时，经费支出却比较慢，支出效率得到了提高，所以在2016财年柬埔寨的财政状况有所改善。收入增长持续保持强劲，而资本项目支出则显得缓慢，预计2016财年财政赤字将缩小为GDP的2.5%。2017财年，经常性支出和人员工资预算将分别增长17%和21%，虽然收入预计将以两位数的速度增长，但增速相对会有所放缓。

柬埔寨：主要经济指标图

图附2.7　预计2017年经济增长将保持稳定但轻微放缓

注：2016年和2017年数据来自AMRO估计和预测。

资料来源：柬埔寨政府、AMRO估计。

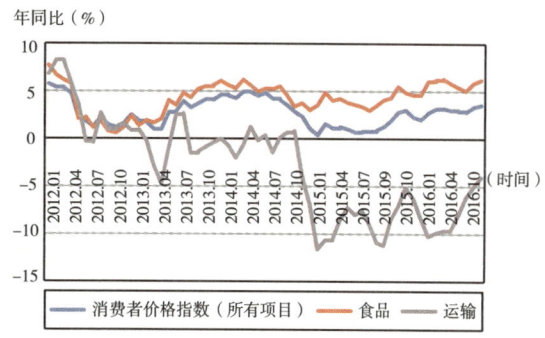

图附2.8　由于食品价格上升，2016年通胀上涨

资料来源：柬埔寨政府。

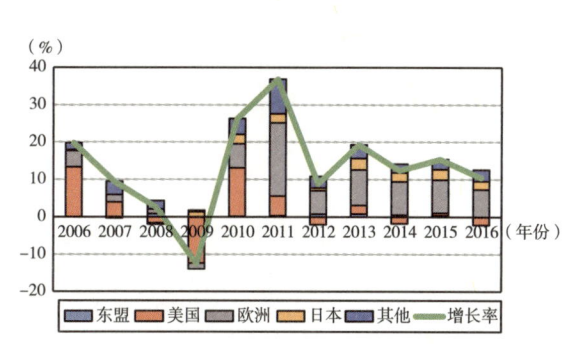

图附2.9　服装出口额占总出口额的3/4，由于欧洲市场的低迷和美国市场的收缩，在2016年其增长率下降

注：这里的增长率为出口额的增长率。

资料来源：柬埔寨政府、AMRO计算。

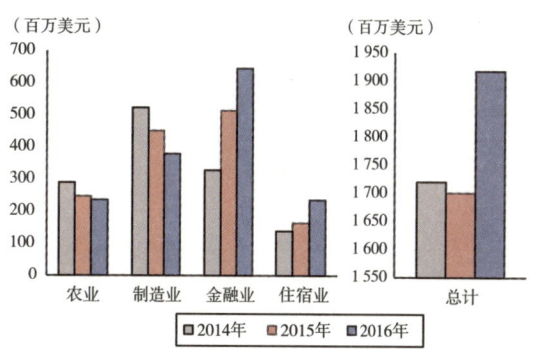

图附2.10　2016年金融部门的外商直接投资流入增加，非金融部门表现不一

注：金融部门包括银行和微型融资机构，住宿业包括酒店、度假村和俱乐部。

资料来源：柬埔寨政府。

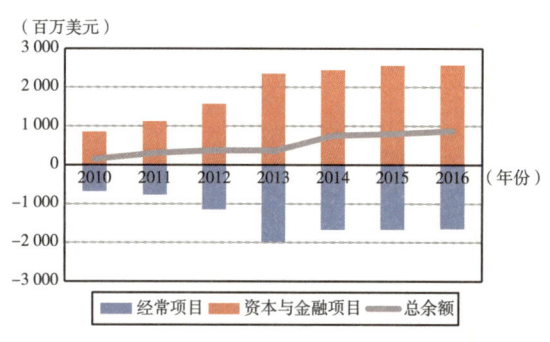

图附2.11　贸易逆差和外商直接投资增长有所改善，2016年总贸易余额持续顺差

资料来源：柬埔寨政府。

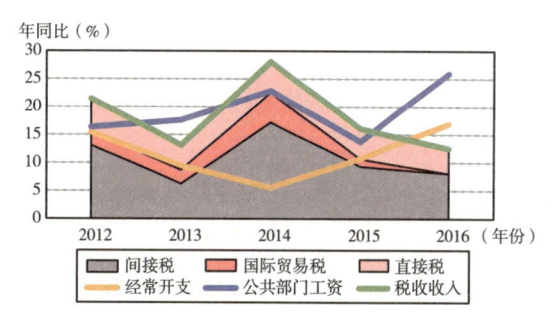

图附2.12　财政收入，尤其是税收收入，在2016年仍比预算高，但是税收增长率放缓

注：图中所有图表都基于财政年度。

资料来源：柬埔寨政府。

柬埔寨：主要经济指标表

表附2.2

	2013年	2014年	2015年	2016年估计
实体经济及价格	（年百分比变动，除另作说明）			
GDP	7.4	7.1	7.0	6.9
消费（占GDP的百分比）	84.3	83.0	82.2	86.2
投资（占GDP的百分比）	20.0	22.1	22.5	20.6
GDP平减指数	0.8	2.6	1.7	2.6
消费者物价指数（CPI，平均值）	3.0	3.9	1.2	3.0
消费者物价指数（CPI，期末值）	4.6	1.1	2.8	3.9
国际收支	（百万美元，除另作说明）			
贸易余额	−3 218.8	−3 208.9	−3 443.3	−3 413.6
经常项目余额	−1 983.4	−1 639.7	−1 674.8	−1 657.3
占GDP的百分比	−13.0	−9.8	−9.3	−8.3
总余额（百万美元）	351.8	754.4	797.9	873.4
国际储备总额（百万美元）	3 642.0	4 391.0	5 093.0	6 730.0
对商品与服务进口的覆盖月数	3.8	4.2	4.4	5.5
财政（中央政府）	（占GDP的百分比）			
收入和补贴	19.0	19.1	19.7	19.2
收入	15.1	16.8	17.8	18.5
收入：税收收入	12.7	14.7	15.8	16.1
支出	21.3	21.1	20.4	21.0
费用	12.1	12.7	13.0	14.6
购入非金融资产	9.2	8.4	7.4	6.4
总预算余额（除去补贴）	−6.3	−4.3	−2.6	−2.5
净借/贷余额	−2.3	−1.9	−0.7	−1.8
基础借/贷余额	−1.6	−1.6	−0.4	−1.4
货币金融部门	（年百分比变动，除另作说明）			
国内信贷	17.9	28.5	24.3	21.9
私人部门	26.7	31.3	27.1	22.5
广义货币	14.6	29.9	14.7	17.9
储备货币	13.0	24.6	21.7	25.0
其他项目				
名义GDP（百万美元）	15 228.0	16 700.5	18 077.7	19 859.3
名义GDP（十亿柬埔寨瑞尔）	61 326.9	67 436.8	73 422.7	80 529.3
平均汇率（柬埔寨瑞尔兑美元）	4 027.3	4 038.0	4 060.5	4 055.0
期末汇率（柬埔寨瑞尔兑美元）	3 995.0	4 075.0	4 050.0	4 037.0

注：（1）投资包括存货的变动。（2）国际储备总额不包括柬埔寨国家银行储备的无限制的外币存款；反映了2016年10月人民币加入特别提款权篮子。

资料来源：柬埔寨政府、AMRO计算；2016年数据基于AMRO估计和预测。

中国

近期，中国经济增长显示出企稳迹象。 在需求方面，2016年的增长主要由扩大消费和基础设施投资驱动，但另一方面也受到私人投资疲软和出口放缓的拖累。在供给方面，增长动力主要来自房地产和汽车行业的扩张，而工业去产能则在一定程度上影响了经济增长[1]。中国政府最近将2017年的经济增长目标设定在6.5%左右，并在实际工作中争取更好的结果。我们预计，2017年中国经济增速将达到6.5%左右，私人消费、服务业（包括互联网经济）和基础设施投资将保持增长的势头，但另一方面也面临去产能、外部不确定性和房地产交易放缓等不利因素的影响。

生产者价格的进一步回升并不确定，这可能会限制未来的利润增长。 消费者价格指数（CPI）涨幅较温和。自2016年9月以来，生产价格指数（PPI）已由负转正，这是由于大宗商品价格不断上涨、持续去产能及投机活动所致。低基数效应也支持了PPI反弹。不断上涨的PPI和税收减免政策使企业利润得以改善，并抑制了不良贷款的增加。尽管如此，PPI和利润的进一步改善仍是不确定的，因为去产能仍存在很大挑战，整体投资的放缓也将拖累对大宗商品的需求。

最近，中国的资本外流压力有所缓解，这是由于经济增长企稳、美元走弱以及资本流动管理实施加强所致。 尽管如此，当前仍存在资本外流的风险，市场信心依然容易受到增长放缓、改革不确定性和外部冲击的影响。

自2017年1月初以来，人民币对美元的贬值压力有所减轻。 在2016年12月和2017年1月初，市场出于对美国总统特朗普经济刺激计划的预期，加之判断美联储加息步伐可能加快，推动了美元走强，也导致人民币对美元的进一步贬值。自2017年1月初以来，人民币贬值压力有所缓解，原因是美元升值减弱、中国经济企稳以及资本外流减缓。

宏观审慎措施有助于抑制大城市房价上涨，但房价上涨压力依然存在。 这种压力来自其他资产市场有限的投资选择，持续的城市化，以及经济体系中充足的流动性。

展望未来，金融市场的风险和过度波动需要通过加强金融监管和货币政策解决。

---

[1] 国务院于2013年10月6日发布《关于化解产能严重过剩矛盾的指导意见》，钢铁行业的产能严重过剩，其产能利用率（产量/产能的百分比）在2012年底为72.0%，低于国际标准。2016年2月1日，国务院发布了《关于煤炭行业化解过剩产能实现脱困发展的意见》，表明煤炭开采是另一个产能严重过剩的行业。在AMRO看来，一个行业的产能过剩是指结构上的过度供给，导致产品价格低迷、回报率低、持续亏损和违约率上升。最近，根据2017年中国《政府年度工作报告》，钢铁产量和煤炭产量在2016年分别减少了6 500万吨和2.9亿吨以上。2017年，中国政府承诺将采取切实有效的措施，减少产能过剩，目标是进一步减少约5 000万吨的钢铁产能，并关闭至少相当于1.5亿吨的煤炭产能。

中国政府已将宏观经济稳定作为2017年中国年度政府工作报告的优先任务，并强调对金融风险的重视。在这方面，加强对影子银行产品的监管尤为重要。为了抑制房地产市场的投机行为，可能需要采取进一步的宏观审慎措施。最近的中性偏紧的货币政策立场有助于金融市场的去杠杆，并对人民币汇率起到支撑作用。

财政政策应着重于缓解去产能的问题，促进国企改革，加强基础设施建设，加强社会保障体系建设。 与此同时，提高支出效率和投资回报仍是至关重要的。此外，在管理或有负债和地方政府借款等方面，当局应做出更多努力。

高企的企业债务、持续的产能过剩，以及缓慢的国企改革，仍将是中国经济中长期增长的重大挑战。 根据AMRO的计算，2016年企业债务与GDP之比约为155%，预计2017年这一比例还可能会进一步上升。加快国企改革步伐，有助于提高效率和资源配置，并有助于加快企业去杠杆和去产能的进程。以市场为导向并加强政策协调，对于化解产能过剩、降低高负债水平、推进国企改革都有积极作用。

中国：主要经济指标图

图附2.13　最近经济增长出现企稳迹象

资料来源：中国国家统计局、AMRO预测。

图附2.14　CPI仍较温和，PPI增长自2016年9月以来转为正值

资料来源：中国国家统计局、AMRO预测。

图附2.15　进口数量持续增长，特别是与消费相关的商品

资料来源：中国海关总署、AMRO估计。

图附2.16　资本流出近期有所缓解，原因是经济增长企稳，美元走弱，以及资本流动管理实施的加强

资料来源：中国人民银行。

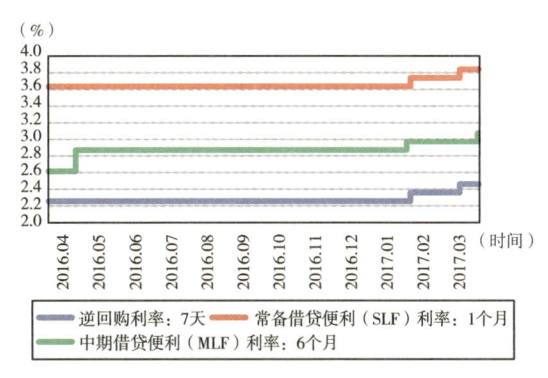

图附2.17　最近的中性偏紧货币政策立场有助于金融市场的去杠杆，并对人民币汇率起到支撑作用

资料来源：万得。

图附2.18　在一线城市，房地产价格仍居高不下，但增长势头在近期有所放缓

资料来源：万得。

附录2　近期东亚经济形势

中国：主要经济指标表

表附2.3

	2013年	2014年	2015年	2016年
实体部门与价格	\multicolumn{4}{c}{（百分比变化，除另作说明）}			
GDP	7.8	7.3	6.9	6.7
名义GDP	10.2	8.2	7.0	8.0
固定资产投资	19.6	15.7	10.0	8.1
采购经理人指数（制造业，期末值）	51.0	50.1	49.7	51.4
采购经理人指数（非制造业，期末值）	54.6	54.1	54.4	54.5
登记失业率（城市，%平均值）	4.1	4.1	4.0	4.0
工资（平均）	10.1	9.5	10.1	—
消费者物价指数（CPI，平均值）	2.6	2.0	1.4	2.0
核心CPI（平均）	1.7	1.6	1.6	1.6
生产者物价指数（平均）	−1.9	−1.9	−5.2	−1.4
新建住房价格（平均）	5.9	2.6	−3.8	6.2
二手房价格（平均）	3.2	1.1	−2.8	5.3
国际收支	\multicolumn{4}{c}{（十亿美元，除另作说明）}			
出口	2 210.7	2 343.2	2 282.4	2 136.6
进口	1 949.3	1 963.1	1 680.8	1 589.5
贸易余额	261.4	380.1	601.7	547.1
贸易余额（占GDP的百分比）	2.7	3.6	5.5	4.9
经常项目余额	148.2	277.4	330.6	210.4
经常项目（占GDP的百分比）	1.5	2.7	3.0	1.9
金融与资本项目余额（不包含储备变化）	346.1	−51.4	−485.3	−490.6
外国直接投资	123.9	128.5	135.6	126.0
对外直接投资	107.8	123.1	145.7	—
外债（总额）*	863.2	1 779.9	1 416.2	—
国际储备	3 821.3	3 843.0	3 330.4	3 010.5
人民币汇率（兑美元，平均值）	6.19	6.14	6.23	6.64
财政	\multicolumn{4}{c}{（占GDP百分比，除另作说明）}			
收入	22.0	21.8	22.1	21.4
支出	23.8	23.6	25.5	25.2
总体余额	−2.0	−2.1	−2.4	−3.0
中央政府债务	14.6	14.9	15.8	16.1
收入（年度百分比变化）	10.1	8.6	5.8	4.5
支出（年度百分比变化）	10.9	8.2	13.2	6.4
货币金融部门	\multicolumn{4}{c}{（百分比变化，除另作说明）}			
M2（期末值）	13.6	12.2	13.3	11.3
融资规模（期末值）	17.6	14.3	12.5	12.8
贷款总额（本币及外币，期末值）	13.9	13.3	13.4	12.8
贷款利率（一年期，期末值，%）	6.0	5.6	4.4	4.4
10年期国债收益率（期末值，%）	4.63	3.64	2.83	3.04
银行资本充足率（期末值，%）	12.2	13.2	13.5	13.3
不良贷款率（期末值，%）	1.00	1.25	1.67	1.74
其他项目				
名义GDP（十亿美元）	9 616.2	10 488.2	11 060.2	11 206.7
名义GDP（十亿人民币）	59 524.4	64 397.4	68 905.2	74 412.7

注：*外债（总额）2014年起包含人民币外债。

资料来源：中国国家统计局、中国人民银行、中国海关、中国财政部、中国银行业监督管理委员会、中国国家外汇管理局、AMRO计算。

中国香港

2016年下半年以来，中国香港（以下简称"香港"）的GDP增长开始回升，内部和外部的不利因素都在缓减。2016年，香港全年GDP增长率为1.9%，低于2015年的2.4%，原因是全球贸易低迷、旅游增长疲软，个人消费增长也不明显。但随着全球经济增长前景的企稳，尤其是美国和中国内地经济的回暖，以及东亚区域内贸易的复苏，香港经济增长势头在2016年下半年略有恢复。与此同时，在劳动力市场稳定的条件下，个人消费有所增长。随着经济复苏的继续，预计2017年香港的GDP增长率将达到2.3%左右。

在实体层面和金融层面，香港经济容易受到外部环境的下行风险影响。由于香港经济对贸易的高度依赖，美国新一届政府可能实施的保护主义政策将会给香港出口行业带来下行风险。如果这种政策招致中国的报复行动，那么对香港的负面溢出效应将会非常严重。此外，欧洲的政治风险，包括英国脱欧谈判的不确定性，也可能抑制全球贸易。这些不确定性还会导致私人固定资产投资的减少。

美国利率正处在上升周期，其加息节奏的不确定性继续给香港经济带来下行风险。如果加息步伐快于预期，可能会使香港地区出现突发的资本外流，从而导致港元利率迅速上升，这将增加家庭和企业的偿债负担。然而，由于香港多年累积了巨大的国际收支盈余和储备并且已经实施了宏观审慎措施和其他监管措施，资本外流相关的风险可能会在一定程度上得以缓冲。此外，港元汇率的升值将对其外部竞争力产生负面影响。从另一方面看，美国的经济刺激计划以及由此带来的全球经济增长前景，加之香港灵活的价格和工资结构，将在一定程度上抵消上述负面影响。

港元的强劲表现以及房屋租金调整的滞后效应，抑制了通货膨胀的压力。2016年的总体通胀率为2.4%，低于2015年的3.0%。随着货币升值和房产市场持续走软，预计总体通胀率在2017年将进一步下降到1.8%左右。

总体而言，香港的金融状况依然宽松。2016年底，香港银行同业拆借利率上升，这部分反映了年底的融资需求，以及与美国银行同业拆借利率保持同步上升。随着资金需求的下降，这种势头会有所消退。与此同时，由于香港经济活动的改善，贷款在2016年底将恢复增长。

银行体系依然健全且资本充足。香港的银行放贷谨慎，资本缓冲充足。归为次级、可疑和损失的贷款的比率处于低水平，并从最近的轻微上升转为稳定。

住宅类房产市场交易量下降，且在2016年11月推出从价印花税后，房价的上涨势头立即放缓。自2009年以来，政府引入了一系列宏观审慎和需求方面的管理措施，降低了金融不稳定性的风险。尽管如此，考虑到家庭债务水平高企，以及香港银行同业拆放利率（HIBOR）浮动利率的抵押贷款占比快速反弹，如果美联储加息步伐加快，可能会加重家庭的偿债负担。从较长期来看，政府增加住房供应的措施将会抑制房价过快上涨从而提高人们的购买能力。

预计财政状况在2017/2018财年将保持良好。根据香港财政司司长于2017年2月发表的预算报告，由于土地销售和印花税的增加，2016/2017财年的财政收入估计将比原先预计的增加12%。在2017/2018财年，政府计划增加5.3%的财政支出，以支持社会福利、教育和医疗保健。财政状况将保持强劲，连续第14年出现财政盈余，加之财政储备充裕，可以维持23.2个月的政府支出。

中国香港：主要经济指标图

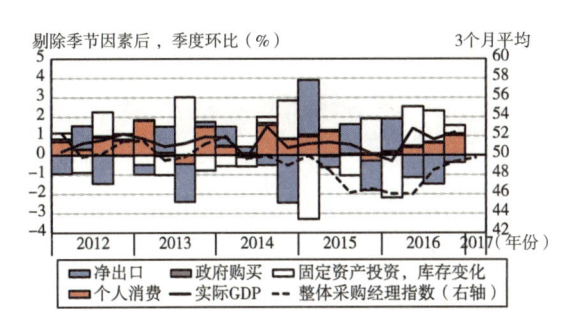

图附2.19 2016年第一季度，由于私人消费的恢复和外部需求的改善，GDP增长稳步上升

注：2017年第一季度在这里只包括1月份。

资料来源：CEIC、Markit。

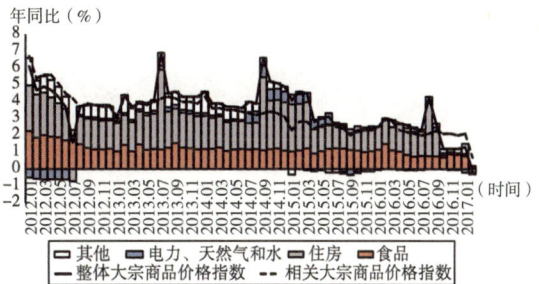

图附2.20 通货膨胀的压力已经减弱，主要是由于货币升值以及房屋租金调整滞后的影响

资料来源：CEIC。

图附2.21 由于对美国经济增长、中国经济增长、政策不确定性以及港币升值等因素的担忧，香港外部环境仍将面临挑战，尽管近期有所改善

注：入境旅客及港币实际汇率的数据截至2016年12月。

资料来源：CEIC、AMRO计算。

图附2.22 银行资本充足，不良贷款比率处于低位水平，并从最近的轻微上升转为稳定

资料来源：CEIC、HKMA。

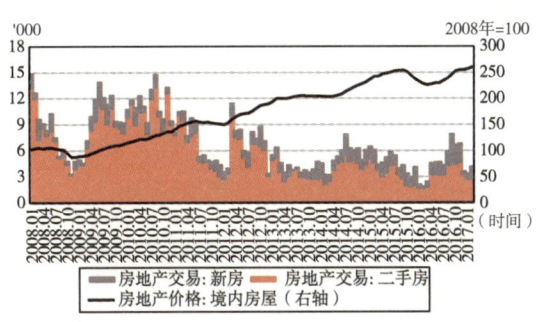

图附2.23 自2016年12月以来，住宅的交易量一直在下降，主要是由于印花税的提高，以及较高利率下引起需求减少

资料来源：CEIC。

图附2.24 尽管由于人口老龄化，医疗和社会福利支出仍将继续增加，但财政状况依然稳健，财政政策空间充裕

资料来源：CEIC、2017~2018年度政府预算声明、AMRO预测。

附录2 近期东亚经济形势

107

中国香港：主要经济指标表

表附2.4

	2013年	2014年	2015年	2016年估计
实体部门与价格	（年百分比变动，除另作说明）			
GDP	3.1	2.8	2.4	1.9
个人消费	4.6	3.3	4.8	1.6
政府消费	2.7	3.1	3.5	3.3
本地固定资产形成总额	2.6	-0.1	-3.2	-0.5
建设与施工	-4.3	9.3	2.2	3.6
机械、设备和知识产权产品	11.3	-8.7	-7.7	-4.6
出口	7.8	1.0	-1.4	0.9
商品	8.2	0.8	-1.7	1.7
服务	6.0	1.6	0.3	-3.1
进口	8.3	1.0	-1.8	1.2
商品	9.9	1.5	-2.7	1.0
服务	-2.1	-2.2	5.1	1.9
GDP平减指数	1.8	2.9	3.7	1.8
总体通货膨胀	4.3	4.4	3.0	2.4
基础通货膨胀	4.0	3.5	2.5	2.3
失业率（%）	3.4	3.3	3.3	3.4
国际收支	（占GDP百分比）			
总体国际收支平衡	2.7	6.2	11.8	0.4
经常项目	1.5	1.4	3.3	4.5
金融非储备资产	-1.3	2.9	6.4	-4.6
财政部门（一般性政府）	（占GDP百分比，除另作说明）			
收入	21.0	20.8	18.6	—
支出	20.0	17.3	18.0	—
统一预算平衡	1.0	3.6	0.6	—
货币金融部门	（年度百分比变化，除另作说明）			
M1	9.7	13.1	15.4	12.3
M3	12.4	9.6	5.5	7.7
贷款总额	16.0	12.7	3.5	6.5
不良贷款率（%）	0.5	0.5	0.7	0.7
银行资本充足率（%）	15.9	16.8	18.3	19.2
其他项目				
名义GDP（十亿美元）	275.7	291.4	309.4	320.7
名义GDP（十亿港币）	2 138.3	2 260.0	2 398.4	2 489.1
利率（期末值）				
汇丰银行最惠贷款利率	5.0	5.0	5.0	5.0
3月期香港银行同业拆放利率	0.4	0.4	0.4	1.0
资产价格				
恒生股票指数（期末值，1964年=100）	23 306	23 605	21 914	22 001
居住类房地产价格（期末值，1999年=100）	245.1	278.3	285.0	307.1
即期汇率（港币/美元，区间平均值）	7.756	7.754	7.752	7.762
官方储备资产（十亿美元，期末）	311.2	328.5	358.8	386.2

资料来源：彭博、CEIC。

印度尼西亚

由于政府消费萎缩，印度尼西亚第四季度GDP增长从第三季度的5.0%降至4.9%。家庭消费依然坚挺，并且出口开始反弹。2016年GDP同比增长为5.0%，比前一年的4.9%略有提升。

由于一些食品价格的上涨和行政因素，2017年2月份通货膨胀率同比上升了3.8%。鉴于价格上升的压力和全球利率的上升，印度尼西亚央行自2015年10月以来一直保持4.75%的政策利率不变。

大宗商品价格反弹推动了出口增长，2016年第4季度的经常账户赤字从第3季度的1.9%（GDP占比）降至0.8%。2016年的年度经常账户赤字为1.8%，而2015年为2.0%。随着印度尼西亚经济的复苏，其经常账户赤字可能还会由于该国进口需求的扩大而增加。与此同时，出口复苏的前景取决于大宗商品价格的走势。我们预计2017年的经常账户赤字将升至GDP的2.1%左右。

尽管税收赦免法在增加收入方面相对成功，但它不足以阻止收入下降的趋势。因为2016年的预算赤字占GDP的2.5%，而修订后的预算赤字目标为GDP的2.4%。赤字高于预期，主要原因是由于非油气所得税和增值税的征收相对较差，以及经济表现疲软、大宗商品价格较低。

2016年，银行信贷增长略有放缓，同比增长7.9%。我们预计，2017年增长率将扩大到9%~12%，并同步于国内前景的改善。与此同时，银行资产质量的恶化似乎已经得到缓解，由于银行业资本金仍然充足，所以有能力进行信贷扩张。尽管银行放贷活动有所放缓，但随着国内消费的增强，非银金融机构的贷款已大幅增长，预计银行贷款也会上升。

冲击新兴市场的全球不确定性在2016年似乎也对印度尼西亚金融市场产生了短暂的影响。印尼盾在2016年升值了2.3%。此外，资本市场继续表现强劲。伴随这一强劲趋势，大量非居民资本投资政府债券等金融资产。

经济增长的主要风险来自于那些可能阻碍投资和政府消费的因素。其中一个挑战是用一揽子经济政策计划来改善私营部门投资环境。而公共投资面临的另一个重要挑战是克服在基础设施支出和实施方面的障碍。

由于大宗商品价格坚挺，以及受控价格有可能进一步上升，因此通货膨胀风险相对适中。在全球金融市场动荡加剧的情况下，货币政策需谨慎地进行调整，以支持增长并保持外部稳定。

国际收支的一个关键风险仍然是资本流动的不稳定。由于近期大宗商品价格的反弹，经常账户的赤字已收窄，但随着基础设施投资以及进口需求的增加，经常账户赤字可能将再度增大。就金融账户而言，其脆弱性在于可能的突发性的资本外流。

政府对税收改革的坚定承诺有助于扩大税基，增加税收收入，为所需的基础设施投资提供资金。 税收特赦将于2017年3月到期，但由于经济增长反弹力度并不强劲，政府可能很难实现其收入目标。所以，至关重要的是，当局应该坚持致力于财政改革，以便在未来增加收入，为基础设施投资和其他社会项目提供资金。

过去几年里，不良贷款上升的局面已经得到了控制，但当局仍需对不良贷款继续监控。 银行业（尤其是四大银行）拥有相对充足的资本金，可吸收资产负债表上的损失。

印度尼西亚：主要经济指标图

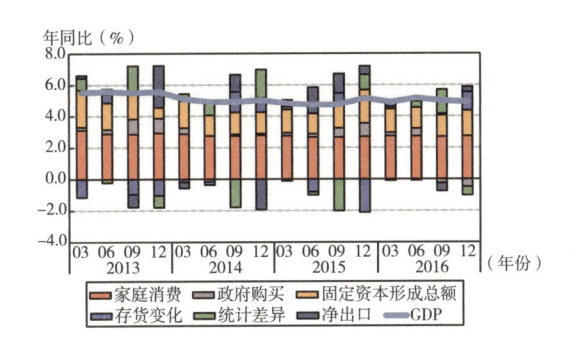

图附2.25 2016年GDP略有增长

资料来源：印度尼西亚中央统计局。

图附2.26 通货膨胀已触底并反弹

资料来源：印度尼西亚中央统计局。

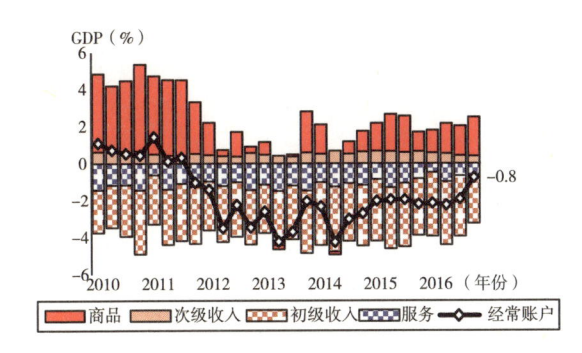

图附2.27 进口缩减和大宗商品价格反弹帮助抑制了经常账户赤字

资料来源：印度尼西亚央行、AMRO计算。

图附2.28 2016年下半年，印度尼西亚经历了多次资本流动的大进大出

资料来源：印度尼西亚央行、印度尼西亚中央统计局。

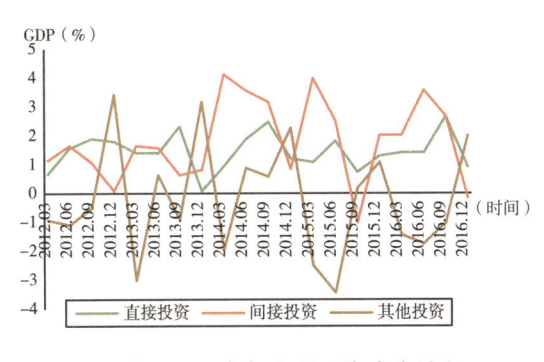

图附2.29 全年实现了资本净流入

资料来源：印度尼西亚央行、AMRO计算。

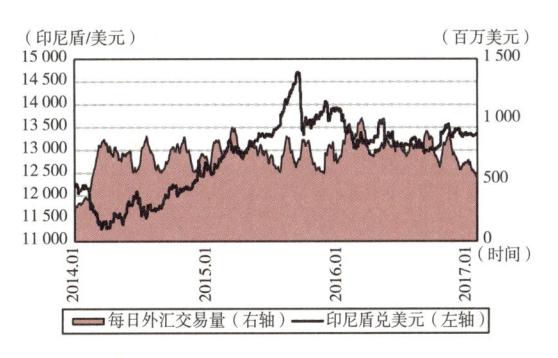

图附2.30 印尼盾有所升值

资料来源：印度尼西亚央行、AMRO计算。

印度尼西亚：主要经济指标表

表附 2.5

	2013年	2014年	2015年	2016年
实体部门与价格	（年度百分比变动，除另作说明）			
GDP	5.6	5.0	4.9	5.0
家庭消费	5.4	5.1	5.0	5.0
政府消费	6.7	1.2	5.3	−0.1
本地固定资产形成总额	5.0	4.4	5.0	4.5
存货变化	−28.6	31.4	−31.0	23.7
出口	4.2	1.1	−2.1	−1.7
进口	1.9	2.1	−6.4	−2.3
总体通货膨胀（期末值）	8.1	8.4	3.4	3.0
国际收支	（占GDP的百分比）			
经常项目余额	−3.2	−3.1	−2.0	−1.8
贸易余额	0.6	0.8	1.6	1.6
石油和天然气	−1.1	−1.3	−0.7	−0.5
非石油和天然气	1.7	2.1	2.3	2.2
资本项目余额	2.4	5.0	2.0	3.1
外国直接投资（净值）	1.3	1.7	1.2	1.6
资产组合投资（净值）	1.2	2.9	1.9	2.0
其他投资（净值）	−0.1	0.5	−1.2	−0.5
国际收支总余额	−0.8	1.7	−0.1	1.3
财政部门（一般性政府）	（占GDP百分比，除另作说明）			
收入与拨款	15.1	14.7	13.1	12.5
支出	17.3	16.8	15.7	15.0
预算平衡	−2.2	−2.1	−2.6	−2.5
货币金融部门	（年度百分比变化，除另作说明）			
广义货币	12.8	11.9	9.0	10.0
个人信贷	20.2	12.6	9.6	7.7
印度尼西亚银行政策利率	7.5	7.8	7.5	4.75
其他项目				
名义GDP（十亿美元）	913.5	890.3	861.0	932.9
名义GDP（十亿印尼盾）	9 546.13	10 569.71	11 531.72	12 406.81
汇率（印尼盾/美元）	10 461.2	11 865.2	13 389.4	13 312.7
国际储备（十亿美元）	112.8	111.9	105.9	116.4
外债（GDP占比）	29.0	32.0	33.0	33.6

资料来源：印度尼西亚中央统计局、印度尼西亚财政部、印度尼西亚央行、AMRO计算。

日本

在2017财年，日本经济可能将继续其在潜在水平之上的强劲增长。 在前三个季度平均增长1.8%之后，2016年第四季度的实际GDP增长了1.2%。受益于发达经济体的复苏，日本出口在2016年第四季度迅速回升。与此同时，尽管工资和就业稳步增长，私人消费仍然疲软，住宅投资增长放缓。2017财年，得益于外部需求和国内政策支持，实际GDP预计将增长1.3%。随着贸易保护主义的抬头及其对全球经济增长的影响，日本出口的复苏将受到影响，经济增长前景也将面临下行风险。除了宏观经济政策的支持之外，结构性改革对保持可持续增长至关重要。

消费价格仍然低迷，宽松货币政策仍在继续。 CPI（扣除新鲜食品）通胀率在经历了长达一年的零水平或负值后，在2017年1月升至0.1%的正值水平。虽然大宗商品价格逐渐回升，但受日元升值影响，通缩压力依然较大。2017财年，随着商品价格以及国内经济活动的增加，CPI通胀可能逐渐增至0.6%左右。自从引入收益率曲线控制的"双宽松"政策，日本国债收益率曲线似乎遵从于当前市场操作的指导方针，即10年期日本国债收益率的目标水平在零附近。

外部头寸稳健，经常账户盈余可观。 随着出口增加，进口减少，贸易顺差扩大。自2016年12月以来，日本投资者减少了外国债券和股票的净头寸。在外汇市场，日元汇率波动较大，主要是由于美国货币、财政和贸易政策的不确定性影响。

金融业保持稳定，但当局需要对来自银行业的压力进行监测。 整体金融状况继续保持宽松，信贷以2.5%以上的速度加速增长。多数银行有足够的资本金，但利差的缩小继续给银行业的盈利能力带来了压力，尤其是对小的区域性银行和信用金库。外汇融资的压力最近有所缓解，但当日本投资者恢复购买海外资产时，外汇融资的压力可能会再度增加。同时，流动性指标显示，在日本银行不断大量购买日本国债的同时，日本国债市场的流动性仍在持续恶化。

财政纪律和财政可持续性仍然是政府面临的主要挑战。 日本的财政政策保持了扩张性，尤其体现在政府出台了大规模的经济刺激计划，以及延迟上调消费税。2017财年预算的目标是将中央政府的基本赤字控制在GDP的2.0%左右（2016财年预计为2.5%）。该预算被视为一个有针对性的措施，旨在解决人口老龄化和低生育率问题。然而，随着2016年实施的经济刺激计划以及社会保障和基础设施投资需求的增加，仍然需要财政支出增加，压力依然存在。如果财政进一步扩张，则可能会引起人们对政府财政纪律和巩固的承诺的担忧。任何对财政可持续性造成负面影响的事件可能会增加对主权评级和日本国债收益率的压力。

日本：主要经济指标图

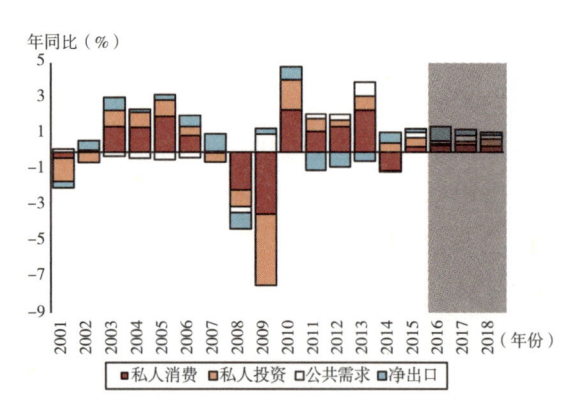

图附2.31　GDP增长超出其潜在水平

资料来源：日本内阁办公室。

图附2.32　CPI通胀仍然疲弱

资料来源：日本财务省。

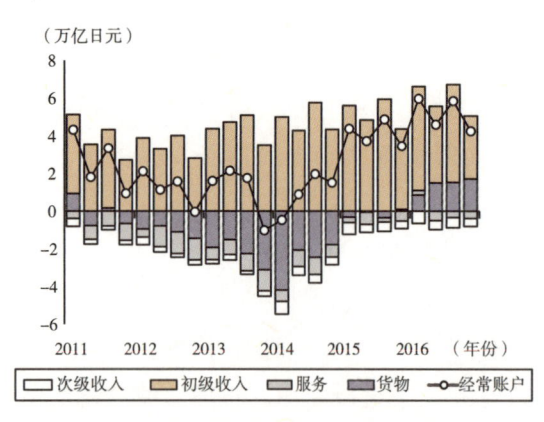

图附2.33　经常账户盈余相当可观

资料来源：日本财务省。

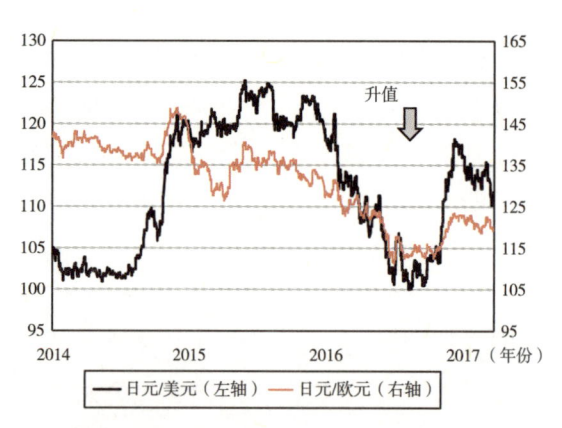

图附2.34　日元自2016年12月以来升值

资料来源：日本银行。

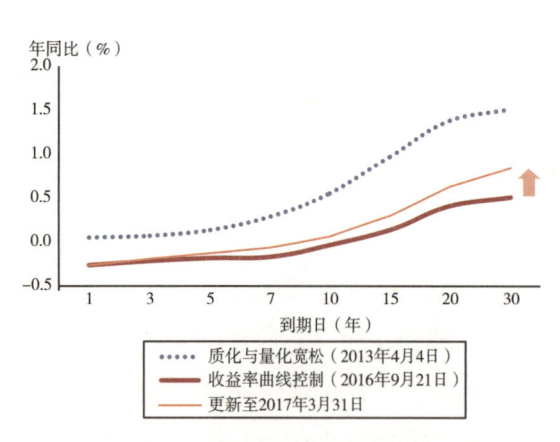

图附2.35　日本国债收益率曲线近期强劲

资料来源：日本统计局（日本国内事务与通讯部）、日本经济研究中心。

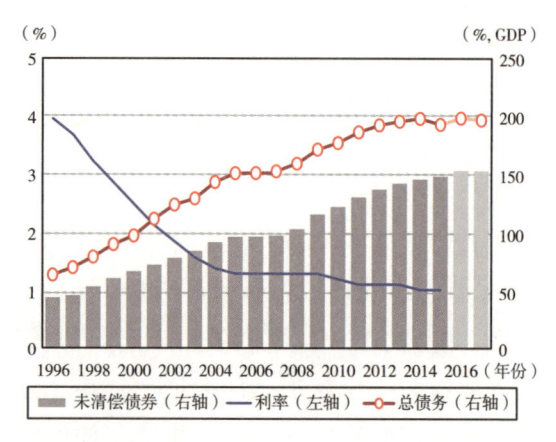

图附2.36　中央政府债务继续上升

资料来源：日本财务省。

日本：主要经济指标表

表附2.6

	2012年	2013年	2014年	2015年	2016年估计
实体部门及价格	（年百分比变动，除另作说明）				
GDP	0.9	2.6	-0.4	1.3	1.4
私人消费	1.8	2.7	-2.7	0.5	0.7
企业投资	2.4	7.0	2.4	0.6	3.1
居民投资	5.1	8.3	-9.9	2.7	6.4
政府消费	1.3	1.7	0.4	2.0	0.5
公共投资	1.3	8.6	-2.1	-2.0	-0.3
净出口（对GDP贡献）	-0.8	-0.5	0.6	0.2	1.0
出口	-1.6	4.4	8.8	0.8	5.7
进口	3.8	7.1	4.2	-0.2	1.5
劳动力市场	（月份平均数值）				
失业率（%，提出季节因素）	4.3	3.9	3.5	3.3	3.1
每人申请工作提供比率（季节调整）	0.8	1.0	1.1	1.2	1.4
价格	（月份平均数值）				
CPI（所有产品）	-0.3	0.9	2.9	0.2	-0.1
CPI（除新鲜食品）	-0.2	0.8	2.8	0.0	-0.3
国际收支	（万亿日元，除另作说明）				
经常账户余额	4.2	2.4	8.7	18.0	18.5
经常账户余额（占GDP的百分比）	0.9	0.5	1.7	3.4	3.4
贸易差额	-8.2	-13.8	-9.1	-1.1	5.6
出口货物离岸价	63.9	70.9	74.7	74.1	72.5
进口货物到岸价	72.1	84.6	83.8	75.2	66.9
经常账户：收入	14.5	18.3	20.0	20.6	14.8
金融账户	1.5	-1.0	13.8	23.8	21.0
国际储备（十亿美元，期末值）	1 254	1 279	1 245	1 262	—
财政部门（中央政府）	（占GDP的百分比）				
税收	8.9	9.3	10.4	10.6	10.4
支出	19.6	19.7	19.1	18.5	18.6
基础财政预算	-5.6	-5.3	-3.1	-2.7	-2.5
未偿付政府债务（兆亿日元）	992	1 025	1 053	1 049	1 095
未偿付政府债务	200.5	202.0	203.4	197.2	202.9
货币部门	（年百分比变动，除另作说明）				
货币基础	8.8	43.7	39.7	32.3	—
隔夜无担保拆借利率（%）	0.082	0.073	0.068	0.063	-0.045
备忘录项					
名义国内生产总值（十亿美元）	5 939	5 056	4 678	4 433	4 982
名义国内生产总值（万亿日元）	494.7	507.4	517.8	532.1	539.7
汇率（美元/日元，区间平均值）	82.9	100.1	109.7	120.1	108.3
汇率（美元/日元，期末值）	94.0	103.0	120.2	112.4	111.8
日经225指数（期末值）	12 398	14 828	19 207	16 759	18 909
日本国债10年收益率（%，期末值）	0.56	0.64	0.40	-0.05	0.04
不良贷款比率（%，期末值）	0.33	1.33	1.10	0.97	—

注：（1）财政年度是从4月1日到下年3月31日。（2）国际收支数据按照国际货币基金组织BPM6标准。（3）在AMRO对2016财年估计数据一列，实际数据用于隔夜无担保拆借利率、汇率（美元/日元）、日经225、国债10年收益率。

资料来源：日本政府、国际货币基金组织、AMRO计算。

韩国

2016年，韩国经济继续温和增长。第四季度受政治动荡影响，韩国经济增速放缓，但仍好于预期。这主要是由于基础设施投资的增长较快。2016年，全年增长率达到了2.8%，与前一年相同。

就业增长停滞不前，无明显改善。自2016年7月企业重组开始以来，制造业就业增长已转为负值。相比之下，服务业就业稳步增加，但也可能受到消费者情绪恶化的不利影响。

成本上升加大了通胀压力。2016年7月至2017年2月，消费者和生产者的价格出现了大幅上涨，主要推动因素是油价上涨和禽流感，以及由于口蹄疫暴发造成的食品供应中断。然而，需求方的通胀压力依然疲弱，产出缺口为负。

2016年，经常账户继续出现大量盈余，而金融账户显示净资产组合投资资产有所增加。经常账户盈余约占国内生产总值的7%，主要构成是货物贸易账户盈余。在金融账户中，居民为了寻求更高收益，大幅增加了海外投资组合，而外国投资者的组合投资在2017年表现出轻微的资本流出。2016年第四季度，韩元兑美元大幅贬值，这是由于外部不确定因素加剧，资本净流出所致。2017年第一季度，预期韩元在美元疲软情况下有所升值。

在金融领域，随着借贷利率上升，家庭债务继续上升。在2016年第四季度，家庭信贷升至创纪录的1 344万亿韩元。2015年出台的对银行更严格的监管导致了商业银行贷款的放缓，同时导致非银金融机构对家庭贷款的增加。最近几个月，基准贷款利率随着长期国债收益率的上升而上升，与美国国债收益率同步。

展望未来，预计韩国经济将在2017年增长2.5%；在全球需求上升的情况下，2018年的经济增长率将达到2.6%。全球IT产品需求增长带动的出口和设备投资将推动经济增长，但另一方面私人消费仍然疲弱，建筑投资放缓。预计2017年和2018年的整体通胀率将分别上升1.8%和1.9%。

应有效地解决家庭高债务和企业重组问题，以尽量减少对增长和金融市场的不利影响。尽管韩国的存贷比和违约率很低，但信用评级低、低收入借款人和自雇借款人很容易受到不利的利率和收入因素冲击。此外，对诸如造船和航运等产能过剩的行业进行企业重组，可能进一步恶化劳动力市场，从而对下游行业和金融市场产生负面溢出效应。尽管短期内有一些潜在的副作用，但在某些关键领域——劳工、公共、金融和教育——韩国应该坚定不移地进行结构性改革，以提升增长潜力。

经济面临着美国政策的不确定性。美国和其贸易伙伴之间在汇率和贸易顺差方面的潜在争端可能给韩国的贸易前景带来下行压力，而预期的美联储加息仍然是潜在资本外流的最大变数。

  值得注意的是，美国对中国的贸易政策可能会通过间接渠道对韩国出口商产生不利的溢出效应。韩国出口商对中国加工贸易的高度依赖表明，如果美国和中国之间潜在的贸易冲突变为现实，将会侵蚀韩国对中国的出口。

韩国：主要经济指标图

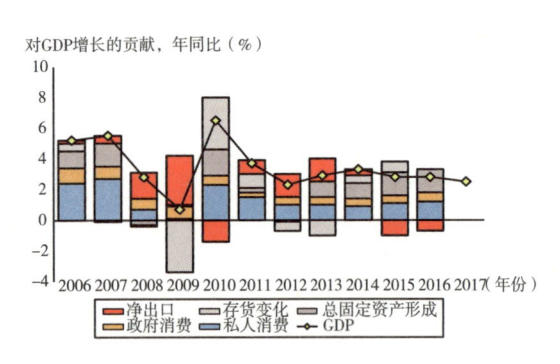

图附2.37　2016年，尽管净出口下降，但国内需求仍在继续支撑增长

资料来源：韩国银行、AMRO估计。

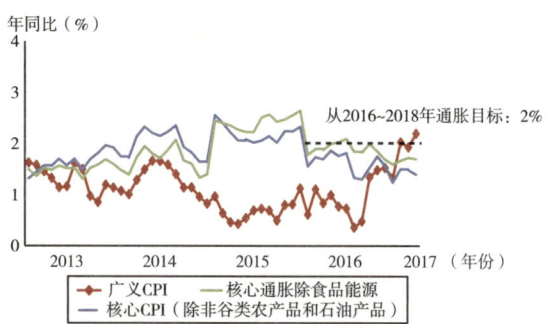

图附2.38　自2016年以来，总体通胀率出现回升，主要是由于成本推动所致

资料来源：韩国银行。

图附2.39　2016年经常账户继续出现盈余

资料来源：韩国银行。

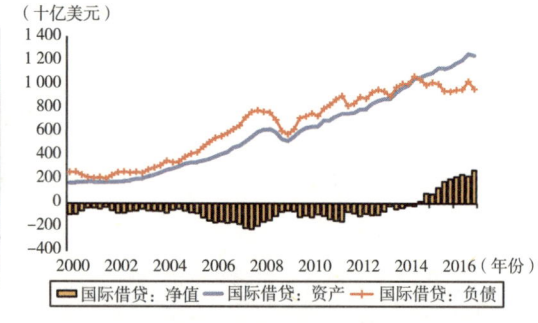

图附2.40　在金融方面，居民海外投资超过了外国人在韩国的股票投资

资料来源：韩国国家统计局。

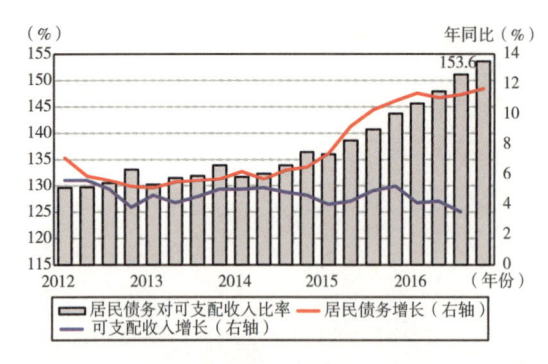

图附2.41　随着债务增长超过可支配收入，家庭债务与收入比率继续上升

资料来源：韩国银行。

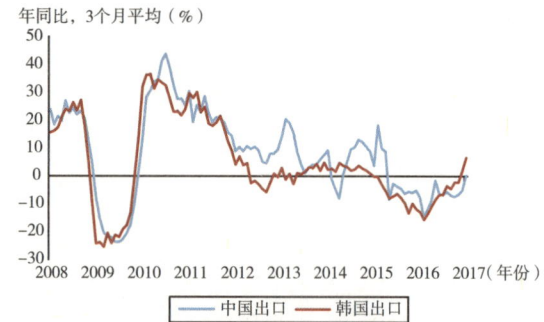

图附2.42　韩国的出口一直通过全球价值链与中国密切相关

资料来源：韩国海关总署、中国海关总署。

韩国：主要经济指标表

表附2.7

	2013年	2014年	2015年	2016年
实体部门及价格	（年百分比变动，除另作说明）			
GDP	2.9	3.3	2.8	2.8
私人消费	1.9	1.7	2.2	2.5
建筑投资	5.5	1.1	6.6	10.7
设施投资	−0.8	6.0	4.7	−2.3
货物与服务出口	4.3	2.0	−0.1	2.1
货物与服务进口	1.7	1.5	2.1	4.5
劳动力市场				
失业率（%）	3.1	3.5	3.6	3.7
名义工资增长	3.9	2.5	3.5	3.8
价格				
CPI通胀	1.3	1.3	0.7	1.0
核心通胀，不包括食品和能源	1.5	1.7	2.4	1.9
国际收支	（十亿美元，除另作说明）			
经常账户余额	81.1	84.4	105.9	98.7
经常账户余额（占GDP的百分比）	6.2	6.0	7.7	7.0
外贸收支	44.0	47.2	90.3	89.2
出口	559.6	572.7	526.8	495.4
进口	515.6	525.5	436.5	406.2
金融账户	80.1	89.3	106.3	100.4
直接投资，净额	15.6	18.8	19.7	16.4
证券投资，净额	9.3	30.6	49.5	66.3
金融衍生品，净额	−4.4	−3.8	1.8	−3.2
其他投资，净额	43.3	25.9	23.3	13.1
总国际储备（期末）	346.5	363.6	368.0	371.1
财政部门（中央政府）	（占GDP的百分比）			
综合财政收入	22.0	21.6	21.8	22.9 e/
综合财政支出	21.0	21.0	21.8	21.9 e/
综合财政盈余	1.0	0.6	−0.01	1.0 e/
综合财政收支盈余，不包括社会保障基金	−1.5	−2.0	−2.4	−1.4 e/
货币和金融部门	（年化比率，期末，除另作说明）			
韩国银行基准利率	2.50	2.00	1.50	1.25
3年期国债收益率	2.9	2.1	1.7	1.6
3年期AA-级企业债券收益率	3.3	2.4	2.1	2.1
广义货币的增长（变化率）	6.5	8.7	9.0	7.9
汇率（韩元每美元，平均值）	1 095.0	1 053.1	1 131.5	1 160.4
汇率（韩元每美元，期末值）	1 055.4	1 099.3	1 172.5	1 207.7
备忘录项				
名义GDP（十亿美元）	13 054.0	14 110.0	13 824.0	14 110.0
名义GDP（万亿韩元）	1 429.4	1 486.1	1 564.1	1637.4

注：数据以e结尾的是预测数据。

资料来源：韩国政府、AMRO计算。

老挝

在上一年增长有所放缓的情况下,预计老挝经济增长在2017年略有回升。在新兴的水电行业和不断增长的服务行业支持下,预计2017年的增长率将略增至7%。虽然整体通胀率继续保持在较低的水平,但在最近几个月略有上升,这主要由于燃料价格上涨和国内食品价格上涨所致,预计2017年通胀将进一步升至3%左右。

预计财政赤字将从2014/2015财年的5.2%扩大到2015/2016财年的6.2%,主要因素是利润税、增值税和资源使用税下降导致税收收入明显下滑。[1] 2017年,预计财政赤字将进一步扩大到GDP的6.9%。财政风险主要是由于收入波动带来的挑战。

税收将可能继续面临下行压力。原因是大宗商品价格的进一步上升空间可能有限,财政管理的改善进展缓慢。当局应当推进加大税收征管力度,实施新措施,实现收入来源多元化。日益扩大的赤字主要由外部借款的增加来提供资金,所以债务危机的风险可能正在增加,当局需要用一个中期财政整顿计划来控制这种风险。此外,老挝—中国铁路项目很可能会对财政和外部债务状况和管理产生影响。

2016年经常账户赤字有所改善,但在2017年预计将扩大。2016年,预计经常账户赤字将下降,主要是由于出口改善和进口进一步收缩。2017年,预计经常账户赤字将扩大,进口可能会增加,这是由于建筑业活跃和更强劲的国内需求,而出口将以较温和速度增长。官方外汇储备总额从2015年第二季度开始持续下降,2016年末达到8.15亿美元,根据AMRO的估计,这只能覆盖大约1.3个月的商品和服务进口,或者约3个月的非外商直接投资相关的进口。[2]

老挝的货币——基普的实际有效汇率大幅升值。自2015年以来,就名义汇率而言,基普兑美元汇率在一个非常窄的区间内波动,并且兑泰铢、人民币和其他区域货币升值。就实际有效汇率而言,自2007~2008年全球金融危机时期以来,基普升值幅度高达40%。[3]

虽然市场汇率与官方汇率差距收窄,但2017年初以来迅速增长的进口带动对外国货币需求激增,两个汇率间差距可能又会增加。在这样的情况下,如果官方汇率继续与美国汇率挂钩,将进一步影响官方总准备金。

国有银行的不良贷款不断增加及资本充足水平较低是显著的风险问题。此外,银行外币贷款也在快速上升,而资金是来自银行在海外的融资。这可能会导致越来越大的货币错配风险。宏观审慎措施可以用来减少如民间外币借贷等风险的上升。

---

[1] 财政年度是从上年10月到当年9月。从2017年开始,财政年度将与自然年相同。

[2] 老挝银行的数据显示外汇储备相当于5.3个月的进口(不包括与FDI有关)。

[3] 基于AMRO的估计,2004~2017年,利用老挝20个贸易伙伴国的汇率和通货膨胀率。

老挝：主要经济指标图

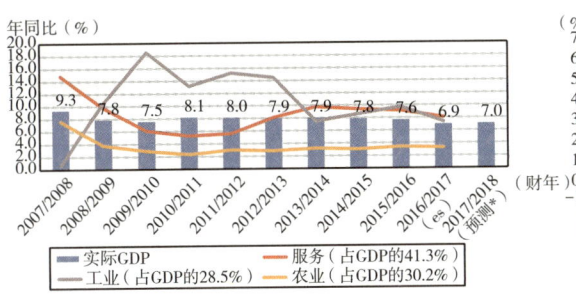

图附2.43　经过上一年的温和调整后，在新兴的水电行业和日益增长的服务业支持下，国内生产总值增长率有望在2017年回升

资料来源：老挝国家统计局。

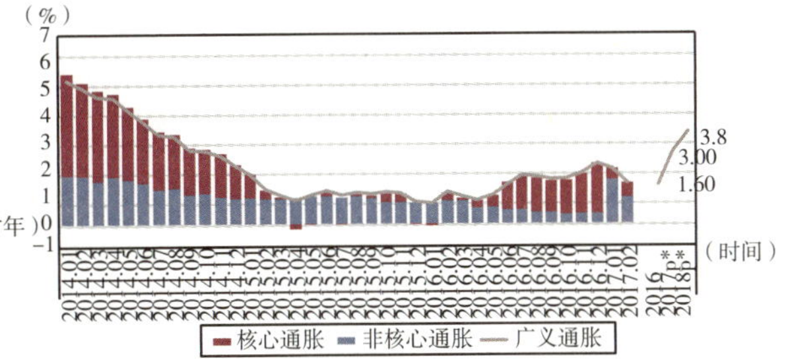

图附2.44　整体通胀率继续较低，但近几个月略有上升，预计将在2017年进一步上升至3%左右

注：（p*）表示通胀预期。

资料来源：老挝国家统计局、老挝银行、AMRO预测。

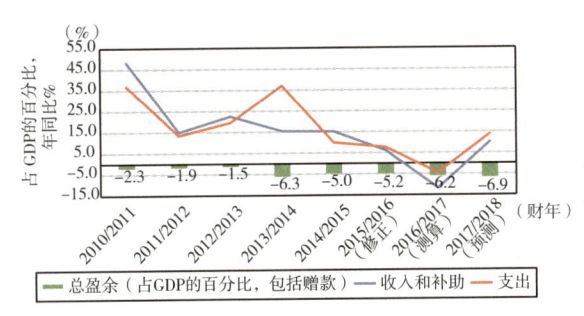

图附2.45　支出增长可能比收入和补助增长更快，这将导致财政赤字不断扩大

资料来源：老挝财政部。

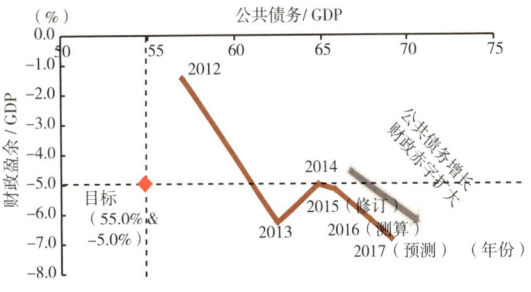

图附2.46　对当局来说，减轻财政风险和增加财政空间仍然至关重要

资料来源：老挝财政部。

图附2.47　官方外汇储备总额从2015年第二季度持续下降，2016年末达到8.15亿美元，能够覆盖5.3个月（官方统计）而非1.3个月（AMRO估计）

资料来源：老挝银行、AMRO估计。

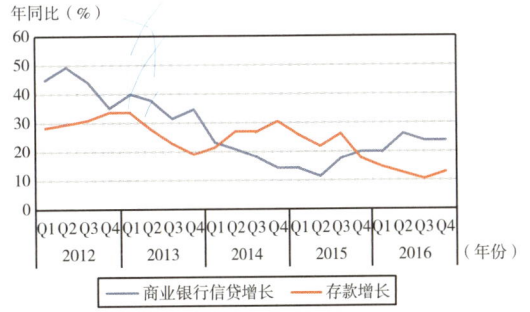

图附2.48　自2015年8月出台以来，新的利率政策（利率上限）推动了信贷增长和存款增长的大幅下降

资料来源：老挝银行、AMRO估计。

附录2　近期东亚经济形势

老挝：主要经济指标表

表附2.8

	2013年	2014年	2015年	2016年
实体部门及价格	（年同比，除另外说明）			
GDP	8.4	7.8	7.6	6.9
消费价格通胀（平均）	6.4	4.1	1.3	1.6
国际收支	（十亿美元，除另作说明）			
出口	3.9	4.7	4.4	4.6
进口	7.4	8.0	7.5	6.9
贸易差额	−3.5	−3.3	−3.1	−2.2
经常账户余额	−3.1	−2.9	−2.8	−2.0
占GDP的百分比	−30.2	−25.7	−22.9	−14.7
资本与金融资产	1.3	2.3	2.8	2.4
占GDP的百分比	12.8	19.9	22.8	17.3
整体账户余额	−0.1	0.2	0.2	−0.2
外债总额	4.2	5.4	5.6	—
占GDP的百分比	41.2	47.8	45.2	—
官方总准备金	0.7	0.8	1.0	0.8
商品和服务进口覆盖率（月）	1.0	1.2	1.5	1.3
非外国直接投资进口覆盖率（月）	2.2	2.5	3.4	3.0
汇率（兑美元，区间平均值）	7 833	8 042	8 125	8 124
财政部门（一般政府）	（占GDP的百分比）			
收入和赠款	24.3	24.8	23.7	19.1
支出	30.6	29.9	28.9	25.2
经常开支	19.7	18.9	17.6	16.5
资本支出	10.9	10.9	11.1	8.8
利息支付	1.2	0.9	1.1	1.2
净贷款/借款余额（除去赠款）	−12.4	−10.8	−10.5	−7.9
净贷款/借款余额（包括赠款）	−6.3	−5.0	−5.2	−6.2
初级净借贷余额（包括赠款）	−5.1	−4.2	−4.1	−5.0
货币部门	（年百分比变动，除另作说明）			
国内信贷	34.5	14.2	19.9	23.7
对私人部门的信贷	36.3	11.7	19.3	22.0
对国有企业的信贷	28.0	23.7	8.2	46.1
存款	18.9	30.3	17.6	12.7
外币	16.8	29.6	16.0	19.0
当地货币	21.1	31.1	19.2	6.6
银行资本充足率	—	22.3	19.6	17.7
不良贷款率	2.1	2.2	3.1	3.0
备忘录项				
名义GDP（十亿美元）	10.2	11.3	12.4	13.7
名义GDP（十亿基普）	80 199	90 823	100 413	111 636
汇率（兑美元，平均值）	7 833	8 042	8 125	8 124

注：（1）GDP数据和财政部门的数据是以一个财政年度为基础的，截至2015/2016财政年，从10月到9月。从2017年开始，当局采用自然年为会计年度。（2）2016年国际收支是AMRO估计数据。（3）2016年数据是AMRO估计。

资料来源：老挝国家统计局、老挝银行、老挝财政部、CEIC、ADB、IMF、世界银行、AMRO估计。

马来西亚

在家庭消费稳步增长的带动下，马来西亚经济实现连续五个季度的温和增长，2016年第三季度增长率升至4.3%，第四季度进一步升至4.5%。2016年下半年净出口对经济增长的平均贡献率为0.5%（而2015年第一季度到2016年第二季度净出口贡献率为-0.54%）。展望未来，预计2017年经济将以4.5%的稍快速度继续增长。同时，通胀从2016年第三季度的1.3%增至2017年2月份的4.5%。

以美元计价，马来西亚出口在2015年和2016年前七个月收缩，2016年8月份开始回升。总体来说，自从2014年石油和大宗商品价格骤降以来，出口和进口均呈下降趋势。然而，从2016年8月起，出口增长由负转正（2016年10月除外）。2016年第二季度经常账户下降至GDP的0.6%，但是2016年第三季度和第四季度分别增至1.9%和3.7%。

2016年政府财政的目标赤字是GDP的3.1%，这个目标已经实现，2017年的目标赤字率是3.0%。我们对马来西亚政府进行财政整顿做出的努力表示赞赏。尽管低油价致使2016年燃油相关行业的利润显著下降，但是商品和劳务税，以及燃油补贴制度推动财政收入增长，使政府得以实现3.1%的赤字目标。2017年，政府财政赤字目标是3.0%，收入增长目标是3.4%，运营支出和发展支出分别增长3.7%和2.4%。

美联储加息预期、美国大选的结果和12月份美联储加息的落地等一系列事件使外部和金融市场波动性增大，2016年下半年资本流出。汇率的灵活性有助于缓解外部的波动性。不仅如此，马来西亚股票交易所的数据显示，外国投资者减持放缓。林吉特和国际储备有所稳定。考虑2017年美联储可能继续加息，这一轮的资本流动波动还未结束，因此仍需密切观察资本流动情况。资本外流已有所放缓，但仍需密切关注金融市场波动及其对外汇储备带来的影响。截至2017年3月15日，马来西亚外汇储备规模为949亿美元，相当于短期外债的1.1倍，或8.3个月的进口量。

尽管家庭贷款占GDP的比例在2016年略有下降，但其仍是该地区的最高水平，需要继续保持警惕。宏观审慎工具已经用于控制风险和帮助保持家庭金融资产，但仍需加强这方面的监管。

一方面，中国经济增速的下滑、英国脱欧以及欧盟低于预期的经济增速可能给马来西亚未来的经济增长带来不利影响。另一方面，美国的财政立场可能给马来西亚带来正面的溢出效应。AMRO研究表明，在受到冲击时，中国经济每增长1个百分点的影响将对马来西亚经济增长带来0.65个百分点的冲击。考虑到英国脱欧可能带来的影响，我们的研究发现，与中国相比，欧盟产出缺口的冲击对马来西亚产出缺口影响较小。尽管最近中国已经变成了马来西亚最大的贸易伙伴，马来西亚大量的最终出口需求仍更侧重发达国家，尤其美国，而不是中国。

马来西亚：主要经济指标图

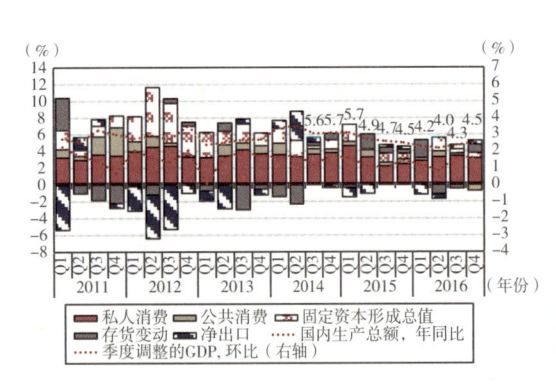

图附2.49 2016年第二季度，GDP连续五个季度温和增长，但2016年第三季度和第四季度增速上升

资料来源：CEIC、马来西亚统计局。

图附2.50 通胀率一直较低，但近几个月开始上升

资料来源：CEIC、马来西亚统计局。

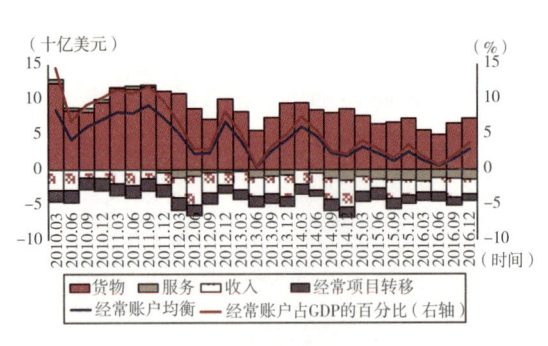

图附2.51 2016年第二季度经常账户盈余降至GDP的0.6%，但是在2016年第三季度和第四季度分别升至1.9%和3.7%

资料来源：CEIC、马来西亚统计局。

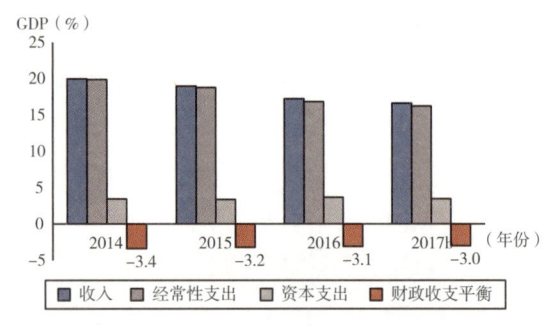

图附2.52 2016年政府实现财政赤字占GDP比率3.1%的目标，2017年的目标是3.0%

注：2017b年是财政部对2017年预算的估计。

资料来源：CEIC、马来西亚国家银行、马来西亚财政部2016/2017财年经济报告。

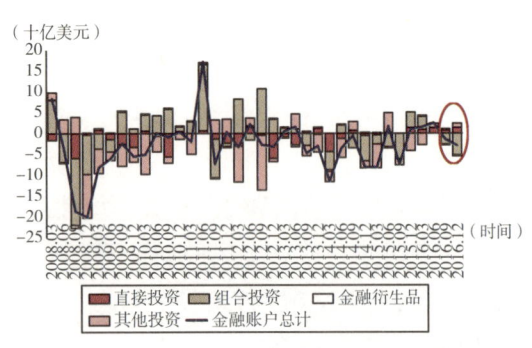

图附2.53 2016年下半年国际金融市场动荡加剧，资本流出随之出现

资料来源：CEIC、马来西亚统计局。

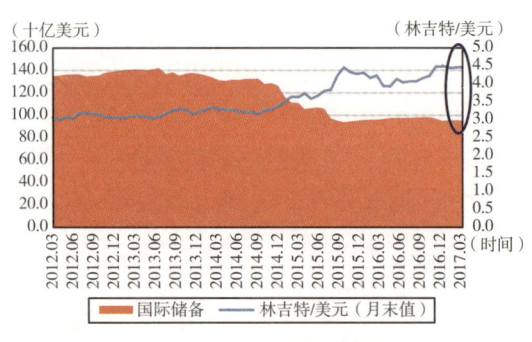

图附2.54 林吉特和储备承压，但是近期表现稳定

资料来源：CEIC、马来西亚国家银行。

马来西亚：主要经济指标表

表附2.9

	2013年	2014年	2015年	2016年
实体经济和价格	（百分比变化，除另作说明）			
GDP（十亿美元）	303.3	309.5	272.2	267.5
GDP	4.7	6.0	5.0	4.2
私人消费	7.2	7.0	6.0	6.1
公共消费	5.8	4.3	4.4	1.0
总体固定资本构成	8.1	4.8	3.7	0.0
私人	12.8	11.1	6.4	4.4
公共	1.8	-4.7	-1.0	-0.5
净出口	-9.8	13.2	-3.8	-1.8
出口	0.3	5.0	0.6	0.1
进口	1.7	4.0	1.2	0.4
失业率（劳动力的百分比）	3.1	2.9	3.1	3.4
总体CPI通胀（%，平均）	2.1	3.2	2.1	2.1
核心CPI通胀（%，平均）	n.a.	n.a.	n.a.	2.5
国际收支部门	（十亿美元，除另作说明）			
出口	228.6	234.0	199.1	189.8
进口	206.0	208.8	175.7	168.7
贸易差额	22.6	25.2	23.4	21.0
经常账户	11.3	14.8	8.9	6.1
经常账户（占GDP的比例）	3.5	4.4	3.0	2.0
国际借贷（占GDP的比例）	68.4	67.6	72.1	73.9
国际储备	134.9	115.9	95.3	94.5
财政部门	（占GDP的百分比）			
收入	20.9	19.9	18.9	17.3
支出	24.7	23.3	22.1	20.4
经常支出	20.7	19.8	18.8	n.a.
资本支出	4.0	3.5	3.4	n.a
财政平衡	-3.8	-3.4	-3.2	-3.1
联邦政府贷款	53.0	52.7	54.5	52.7
货币部门	（百分比）			
政策利率（平均）	3.1	3.3	3.9	4.1
短期国库券利率（平均）	3.0	3.1	3.1	2.8
10年政府债券利率（平均）	3.7	4.0	4.0	3.8
备忘录项				
名义GDP（单位：十亿美元）	323.3	338.3	297.2	296.9
名义GDP（单位：十亿林吉特）	1 018.6	1 106.5	1 157.1	1 229.4

　　注：（1）截至2014年，外债已经根据国际标准重新定义，包括非居民持有的以当地货币计价的债务票据和其他债务相关的非居民金融资产流动，如贸易信贷、货币和存款、贷款以及其他贷款和负债。这里的数字为最新定义。（2）自2016年，马来西亚林吉特219亿的债务（约2016年国内生产总值的1.8%）已经从联邦政府转移到公共部门的房屋贷款委员会。这里的数字反映了这一变化。

　　资料来源：CEIC、马来西亚统计局、马来西亚国家银行、马来西亚对外贸易发展局。

缅甸

因遭遇洪水，缅甸经济在2016/2017财年出现下滑，但预计在2017/2018财年可能恢复增长。 由于农业和建筑业不景气，加之油价下滑，2016/2017财年（截至2017年3月31日）缅甸经济增速预计将从2016年的7.3%下降至6.0%。随着制造业的高增长和农业的恢复，经济增长预计在2017/2018财年回升至7.0%。我们对经济增长预期乐观，这主要考虑了新《投资法》的实施及其带来的投资增长，包括迪拉瓦在内的经济特区的发展及其带动的出口改善。

由于基础效应和货币政策收紧，通货膨胀有所下降。 由于2015年洪水所带来的影响减弱以及实施紧缩的货币政策，2016/2017财年通胀预计将从上一年度的10.0%下降至6.8%左右。缅甸央行通过增加对银行存入央行的存款利率进行拍卖来吸收流动性，央行还全面实施新的存款准备金制度，提高对经济预测的能力，并加强货币政策框架，这些都提升了央行控制通胀的能力。因为货币供应带来持续压力，预计通胀率在2017/2018财年将达到7.1%。

由于贸易逆差扩大，经常账户逆差保持较高水平。 经常账户逆差从GDP的5.4%升至7.9%，在一定程度上反映了出口的稳定恢复预期和2016/2017财年较高的进口增长。虽然旅游收入和汇款增长，但这并不能完全抵消贸易逆差的扩大。另一方面，由于投资者在公司经济政策出台前暂时搁置新项目，外商直接投资额有所放缓。

金融部门的风险来自于持续高速的信贷增长。 国内信贷保持在年同比增长30.0%这样一个较高的水平。同时，不良贷款率持续增长，从2015年6月底的1.7%升至2016年9月底的3.7%。金融机构法案的通过是一个可喜的进展。商业银行场内场外的常规监管和金融稳健指标均表现良好，这进一步对金融稳定形成有力支撑。接下来重要的一步是新法案下具体规则的颁布，以及落实这一法案应对金融风险。

在全球不确定性增强的背景下，经常账户逆差继续扩大，使得国际收支风险依旧突出。 国际收支风险主要来自于经常账户逆差的扩大。在历经过去几年的两位数增长后，2016/2017财年外商直接投资增长放缓至3.0%。央行外汇储备依然不足覆盖三个月的进口额。由于外汇市场承压，有必要保证官方汇率和非官方汇率的缺口不明显扩大。

面对财政收入下降，支出应收紧，未来财政工作充满挑战。 由于收入下降和支出增加，2015/2016财年财政赤字急剧增至GDP的4.5%，预计2016/2017财年财政赤字将增加到GDP的4.8%。为应对这种状况，当局持续加强收入管理，其引入的纳税大户自主申报制度受到好评。虽然当局维持了必要的社会支出，同时也在实行节俭的支出政策，但考虑到来自于资源部门的收入降低，赤字仍会处于高水平。当局承诺将中央银行对赤字融资规模逐渐缩小，直至央行不再为赤字融资，这是正确的做法。当局通过完善利率市场决定机制和提高外商银行的参与发展短期国库券市场，同时也在发展长期国库券市场。国内借贷市场的发展使得借款方更容易得到优惠贷款和赠款，这有助于政府项目的融资，减少项目对政府资金的依靠，从而能使得政府摆脱其对央行融资的依赖。

缅甸：主要经济指标图

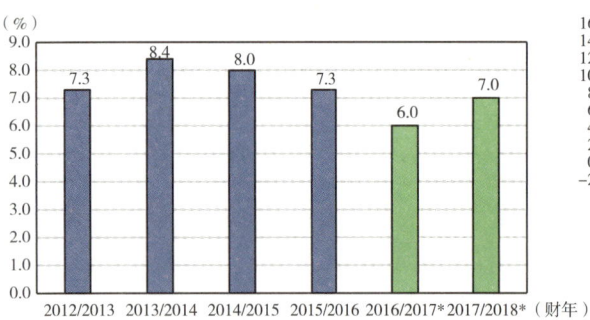

图附2.55 经济增长在2016/2017财年进一步放缓，我们预计经济在2017/2018财年将在制造业和农业驱动下加快增长

注：2016/2017~2017/2018财年的数据由AMRO估计。

资料来源：缅甸计划部门、AMRO估计。

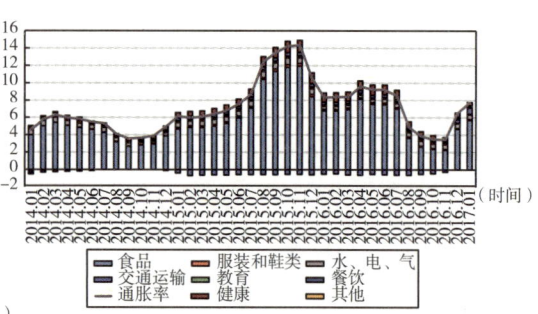

图附2.56 经济受到基本面和紧缩的货币政策的影响略有下滑，通胀受到食品和运输价格上涨的影响开始反弹

资料来源：缅甸中央统计办公室。

图附2.57 由于进口增加以及不利的外部环境，预计经常账户赤字将进一步扩大

资料来源：缅甸央行、AMRO计算。

图附2.58 受到参考汇率在一定程度上具有刚性的影响，其与非官方汇率的缺口在2016年12月有所扩大，但之后缺口收窄

资料来源：缅甸央行、AMRO计算。

图附2.59 国际储备仍不足覆盖三个月进口

注：进口覆盖程度是以每月货物和服务进口衡量的。

资料来源：缅甸央行、AMRO计算。

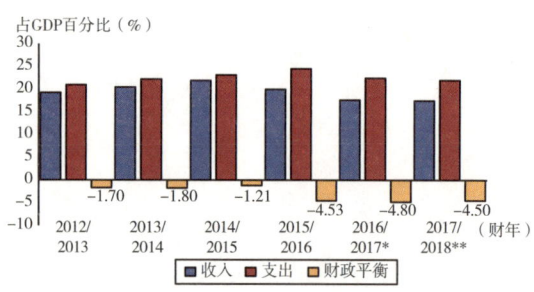

图附2.60 预计收入将保持稳定，同时由于采取了措施控制支出，防止赤字在2017/2018财年增加

资料来源：缅甸预算部门。

缅甸：主要经济指标表

表附2.10

	2012/2013财年	2013/2014财年	2014/2015财年	2015/2016财年	2016/2017财年估计
实体经济和价格		（年度百分比变动）			
GDP	7.3	8.4	8.0	7.3	6.0
CPI（2012年为基年，期末值）	8.1	6.3	7.4	8.4	7.9
CPI（2012年为基年，平均值）	3.8	5.7	5.9	10.0	6.8
国际收支		（百万美元）			
经常账户	-931	-1 091	-1 716	-3 413	-5 241
贸易账户	936	-1 395	-1 859	-4 006	-5 217
出口	8 749	10 270	10 385	9 506	9 647
天然气出口	3 573	3 024	4 294	3 707	2 719
进口	-7 813	-11 665	-12 244	-13 512	-14 864
服务，净值	-2 371	-891	-1 941	-1 521	-2 350
转移支付，净值	1 553	1 684	2 401	2 498	2 748
金融账户	2 090	3 160	3 454	4 029	5 141
外商直接投资，净值	1 152	2 621	2 916	3 443	3 546
官方开发援助，净值	927	525	315	445	1 482
整体盈余/赤字	51	2 855	1 169	-419	256
缅甸央行外汇储备					
以百万美元计	3 156.0	4 419.0	5 124.6	4 764.0	5 019.8
以月进口货物和服务计	2.4	2.8	3.4	3.0	2.7
外债					
以十亿美元计	13.7	10.2	7.9	8.5	—
以占GDP的比例计	23.0	18.0	12.1	12.6	—
汇率（缅甸元/美元，期末）	879.5	965.0	1 034.5	1 211.0	—
汇率（缅甸元/美元，平均）	862.7	962.5	997.2	1 218.2	—
财政部门（整合公共部门）		（占GDP的百分比）			
总收入	19.3	20.5	21.9	20.0	17.6
其中：税收收入	6.6	7.7	7.8	8.7	7.9
非税收入	0.9	1.5	3.6	2.4	1.8
国企收入	10.3	9.7	9.5	7.2	6.7
总支出	21.0	22.2	23.2	24.5	22.4
财政盈余/赤字	-1.7	-1.8	-1.2	-4.5	-4.8
公共借款	39.6	34.2	29.7	32.3	—
货币和金融部门		（年百分比变动）			
基础货币	38.5	16.3	4.6	19.6	14.5
广义货币	46.6	31.7	17.6	26.3	18.6
国内信贷	5.1	24.6	22.9	32.3	26.3
私人部门	50.5	52.5	36.3	34.2	27.1
其他项目		（年百分比变动）			
名义GDP（单位：十亿美元）	59.4	60.3	65.4	59.7	64.5
名义GDP（单位：十亿缅甸元）	51 259	58 012	65 262	72 780	81 878

注：（1）财年是从4月1日~3月31日。（2）实际GDP相关数据以2010/2011财年的价格为基础。（3）整合公共部门包括协会、地方政府和国企。

资料来源：缅甸政府、AMRO估计。

菲律宾

由于农业生产受到气候影响以及私人部门建筑业不景气，2016年第四季度菲律宾经济略显疲软。预计全年经济增速为6.8%，主要拉动因素包括：基础设施投资、交通设备投资和家庭消费。考虑到全球经济受到偶发事件的冲击，而这些冲击可能会影响侨汇收入和出口并对国内经济造成冲击，菲律宾实际经济增长因此可能低于预期。同时，由于极端天气的冲击强于预期，也会受到食品生产影响。

由于气候因素对食品生产的冲击和油价持续上涨，消费者价格指数（CPI）从2016年第四季度开始涨幅加速。预计2017年总体平均通胀率将在3.1%，这处在通胀目标区间的高位，反映了能源价格上升和2017年下半年石油和汽车计划消费税上调的影响。[1] 如果原油价格增长更快或者气候的影响更严重，则通胀可能高于预期。

虽然国际储备有所下降，但是国际收支保持稳健。由于与基础设施相关进口的增加和美国大选导致的对外投资流出，2016年第四季度菲律宾国际收支赤字达到GDP的2.5%。2016年四季度，总体国际储备下降了54亿美元，但是对于进口和短期贷款来说仍然保持相对充足。随着基础设施投资的加快和石油进口价格的继续增长，预计2017年经常账户赤字将为GDP的0.6%。

如果基础设施相关的进口增速超过预期或者全球金融市场条件恶化，对外状况可能恶化。如果美国的保护主义政策影响了商业服务外包和侨汇，那么经常账户形势可能不如预期。同时，由于英国脱欧进程的不确定性、美联储进一步加息和地缘政治紧张，全球金融市场将出现不利的发展。

2016年税收收入继续上涨，另一方面在道路建设项目为主的基础设施投资的驱动，支出也在增长。2017年下半年随着税收制度的进一步落实，税收将继续增长，整体赤字将达到GDP的3.0%。税收制度的改善不仅对于基础设施建设融资至关重要，而且也可对弱势家庭提供帮助并促进商业竞争。然而，如果推迟实施2017年下半年税收制度，则财政赤字占GDP比可能超过3.0%的目标值。如果提升税收的措施不能抵消所得税降低带来的影响，政府收入可能略降到目标值以下。

自从通过定期存款工具（TDF）拍卖回收流动性后，菲律宾央行进入紧缩周期，导致定期存款工具利率和银行存款利率上涨。尽管流动性紧缩，但是央行也减少了在公开市场的操作，并要求信托机构在2017年6月底之前逐步将其存在央行的存款清空。基础货币和货币供应量（M3）增速放缓，不过总体来看，银行间货币市场利率比较稳定，表明仍有较充足的流动性。

得益于较高的资本金比率及充足流动性、持续的盈利、不良贷款率保持在低位，

---

[1] 由于政府计划今年取消对大米进口的限制，预计食品价格将会更加可控。

银行系统总体平稳运行。 截至2017年1月底，银行贷款和房地产需求下降，但是考虑到公共建设的提速和菲律宾不断地承接商业服务外包项目，预计贷款需求2017年会有所增加。

菲律宾：主要经济指标图

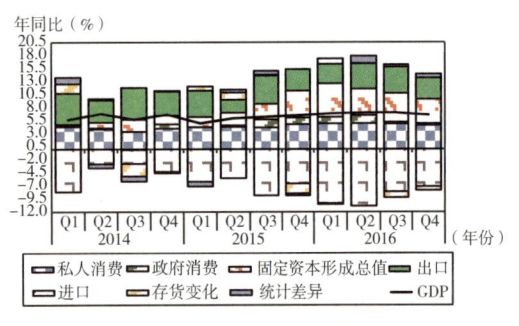

图附2.61 由于受到气候相关的农业生产冲击和私营部门发展的放缓，2016年第四季度，菲律宾的经济略显疲软

资料来源：菲律宾统计部门。

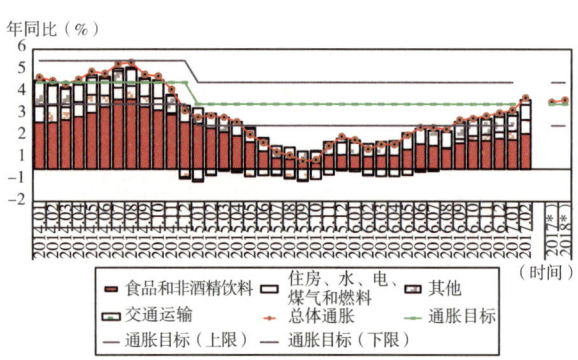

图附2.62 受到石油价格上涨和食品供应的冲击，总体通胀上涨

资料来源：菲律宾统计部门、菲律宾央行。

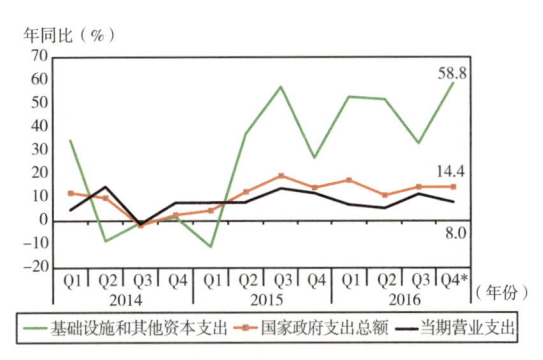

图附2.63 主要受到道路项目的推动，政府基础设施投资加快

注：*10月~11月。

资料来源：菲律宾预算和管理部门。

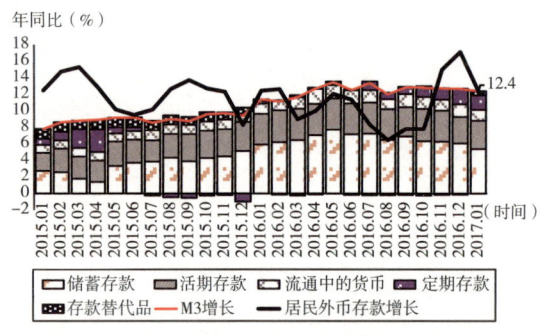

图附2.64 由于定期存款工具拍卖、居民存款货币转换效应，以及外汇市场干预对流动性的吸收，2016年下半年货币供应温和增长

资料来源：菲律宾央行。

图附2.65 得益于较高的资本金率及充足流动性、持续的盈利、不良贷款率保持在低位，银行系统总体平稳运行

资料来源：菲律宾央行。

图附2.66 总体贷款增长缓慢，但汽车贷款持续快速增长

注：（*）商业银行扣除净逆回购协议。（**）高贷款利率。

资料来源：菲律宾央行。

菲律宾：主要经济指标表

表附 2.11

	2013年	2014年	2015年	2016年
实体经济和价格	（百分比变化，除另作说明）			
GDP	7.1	6.2	5.9	6.8
最终消费	5.5	5.2	6.5	7.1
家庭消费	5.6	5.5	6.3	6.9
政府消费	5.0	3.3	7.8	8.3
总体固定资本构成	11.8	6.2	15.2	23.5
出口商品和服务	−1.0	11.7	9.0	9.1
进口商品和服务	4.4	9.3	14.0	17.5
失业率（%）	7.1	6.8	6.3	5.5
GDP平减指数	2.0	3.2	−0.6	1.6
消费者价格指数（平均值）	3.0	4.1	1.4	1.8
国际收支部门	（十亿美元，除另作说明）			
经常账户	11.4	10.8	7.7	0.6
经常账户（占GDP的百分比）	4.2	3.8	2.6	0.2
贸易账户	−17.7	−17.3	−23.3	−34.1
出口，离岸价格	44.5	49.8	43.2	43.4
进口，离岸价格	62.2	67.2	66.5	77.5
服务账户	7.0	4.6	5.6	7.1
收入	23.3	25.5	29.3	31.4
支出	16.3	20.9	23.7	24.2
次级收入	21.1	22.8	23.5	25.0
收入	21.7	23.4	24.3	25.7
支出	0.6	0.7	0.8	0.7
金融账户	−2.4	−9.7	−3.3	−1.1
直接投资，净值	0.1	−1.0	0.1	4.2
组合投资，净值	1.0	−2.7	−5.4	−1.4
金融衍生工具，净值	0.1	0.0	0.0	0.0
其他投资，净值	−3.4	−5.9	2.0	−3.8
错误和遗漏	−4.2	−4.1	−2.0	−0.2
总体盈余	5.1	−2.9	2.6	−0.4
总体盈余（占GDP的百分比）	1.9	−1.0	0.9	−0.1
总体国际储备	83.2	79.5	80.7	80.3
总体国际储备（以货物和服务进口月度覆盖率统计）	11.6	9.9	9.9	9.5
总体外债（占GDP的百分比）	28.9	27.3	26.5	24.6
财政部门（国家政府）	（占GDP的百分比）			
收入和补助	14.9	15.1	15.8	15.2
支出	16.3	15.7	16.8	17.6
总体盈余/赤字	−1.4	−0.6	−0.9	−2.4
基本盈余/赤字	1.4	2.0	1.4	−0.3
政府贷款（除去或有债务）	49.2	45.4	44.7	42.1
货币和金融部门	（变动百分比，除另作说明）			
国内信贷	10.6	17.8	11.5	17.0
其中：私人部门	16.5	19.9	12.1	16.4
广义货币	28.8	12.4	9.3	13.3
汇率（比索/美元，平均值）	42.4	44.4	45.5	47.5
其他项目：				
名义GDP（单位：十亿美元）	271.8	284.8	292.5	304.3
名义GDP（单位：十亿比索）	11 538.5	12 645.1	13 307.4	14 449.9

资料来源：菲律宾政府、AMRO计算。

新加坡

2016年第四季度，由于全球对电子产业和生物医药产业产品需求有所恢复，新加坡经济增长强劲；然而，其他经济部门继续面临着外部不利因素和国内结构性因素影响。第四季度国内生产总值同比增长2.9%，其中制造业增长高达11.5%，这主要得益于电子和生物医药产业的增长。电子产业主要受到全球半导体需求复苏的驱动，这种复苏在未来一段时期很可能继续。然而，其他经济部门仍面临外部不利因素影响。在劳动力市场，近几个季度裁员率不断增长，就业受到的冲击比以前更为强烈。家庭消费谨慎，房地产行业也正在经历调整。新加坡也正在解决由人口老龄化和生产力增长缓慢方面的结构性挑战。从积极的方面看，电子、生物医学、旅游、信息通信技术、卫生和教育行业将继续支持短期增长。

通货膨胀有所上升，但仍然处于低位，货币政策保持宽松。 2016年4月，政府采取了一定的宽松措施，调整了新元的名义有效汇率政策区间的升值幅度，升值幅度由正转为零。2016年10月货币政策保持不变。虽然此前货币政策的宽松在未来几个季度仍可能在一定程度上推高通胀率，但是由于总体需求疲软，核心通胀率的上行压力有限。

2017年2月，为重振新加坡经济，未来经济委员会提出了七项相辅相成的策略。 未来经济委员会研究了诸如低增长、贸易保护主义和技术变化等全球发展趋势问题，也重新审视了新加坡的经济运行模式。未来经济委员会致力于建立一个创造价值、开放、与世界相连且提供大量机会的经济，致力于为所有新加坡人创造可持续的工资增长和有意义的职业生涯。它的目标是实现平均每年2%~3%的经济增长率，这比过去10年新加坡的平均增长率要低，但高于大多数发达经济体在过去10年的表现。

2月份公布的2017财年预算保持了扩张的财政政策，以支持经济增长。 2017财年，财政支出预算将大幅增加，特别是在医疗保健领域。此外，2017财年预算继续强调长期经济结构调整的重要性，包括一项为实施未来经济委员会策略的24亿新元的预算。未来经济委员会提出如建设强大的数字能力和加强企业能力等策略，而2017财年预算也相应提出了一些倡议，如中小企业数码化计划和科技共享计划等。同时，2017财年预算也注重解决近期经济发展面对的阻力，致力建立一个更包容的社会。

家庭债务和企业债务稳定，但某些行业发行的企业债券暴露出信用问题。 随着宏观审慎措施的实施，家庭债务水平已经稳定。公司债务水平正在下降，但仍处于高位；一些行业面临巨大压力，尤其是石油和天然气行业，所以其发行的债券也出现了越来越多的违约和其他信用事件。

虽然金融体系稳健，但有迹象显示信贷质量恶化。 银行的不良贷款率很低，但在过去几个季度里一直在上升；一些行业也承受了压力，如海洋工程。此外，某些企业债券的信用事件可能会降低投资者的信心。

房地产价格继续缓慢下跌。房产价格可能会继续缓慢下滑。住宅和商用地产的供应量很大。从需求侧来看，住宅的销售情况有所恢复，由于利率仍持续处在低位，中心区域房地产的需求最近有所增加。在经济前景疲弱、供给旺盛，特别是如果利率大幅上升的情况下，需要继续对房地产市场关注。

新加坡：主要经济指标图

图附2.67　大部分部门仍面临外部不利因素，2017年GDP将会温和上涨

资料来源：新加坡贸易与工业部、新加坡国家统计局。

图附2.68　近几个月贸易量反弹

资料来源：新加坡国际企业发展局、CEIC、AMRO计算。

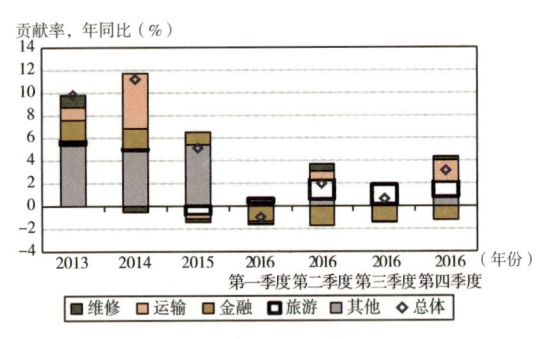

图附2.69　贸易的增长利好运输服务出口

资料来源：新加坡国际发展局、CEIC、AMRO计算。

图附2.70　2015年以来就业增长率放缓，尤其是在2016年第三季度

注："社区、健康和教育等"包括教育与公共管理、健康与社会服务和其他社区、社会与个人服务。

资料来源：新加坡人力资源研究与统计局、新加坡人力资源部。

图附2.71　2017财年预算保持了扩张性的财政政策

资料来源：新加坡财政部、新加坡国家统计局。

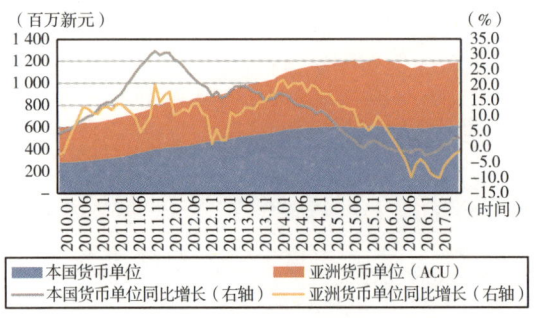

图附2.72　由于贷款需求疲软，银行贷款在近几个月略微收缩

资料来源：新加坡金融管理局、AMRO计算。

新加坡：主要经济指标表

表附 2.12

	2013年	2014年	2015年	2016年
实体经济及价格	（年百分比变动，除另作说明）			
GDP	5.0	3.6	1.9	2.0
私人消费	3.3	2.4	4.6	0.6
公共消费	11.5	0.1	8.0	6.3
固定资本形成总值	5.7	-1.1	1.1	-2.5
商品与服务出口	5.8	4.0	2.6	1.6
商品与服务进口	5.9	3.0	2.9	0.3
制造业	1.7	2.7	-5.1	3.6
建造业	3.0	6.6	3.9	0.2
服务业	7.2	3.9	3.2	1.0
批发和零售贸易	6.8	1.9	3.7	0.6
储运业	4.1	3.0	1.6	2.3
住宿与餐饮业	3.1	2.3	0.7	1.7
信息与通信业	8.0	7.4	-0.6	2.3
金融与保险业	17.2	9.1	5.7	0.7
商业服务	5.6	1.8	3.9	-0.9
劳动力市场				
年平均失业率（百分比）	1.9	2.0	1.9	2.1
就业量变动（千人）	136.2	130.1	32.3	16.8
价格				
新加坡金融管理局核心通胀率	1.7	1.9	0.5	0.9
消费价格指数	2.4	1.0	-0.5	-0.5
国际收支	（十亿新元，除另作说明）			
经常项目	64.0	77.1	73.9	78.1
经常项目（占GDP的百分比）	16.9	19.7	18.1	19.0
进出口				
商品出口	560.2	560.9	521.8	499.5
服务出口	174.8	194.4	204.3	206.7
商品进口	466.3	457.3	407.9	385.2
服务进口	184.0	202.0	212.4	214.9
资本与金融项目	-42.4	-66.5	-70.8	-81.9
直接投资（净值）	26.4	27.6	53.9	52.1
间接投资（净值）	-79.6	-61.1	-74.8	-28.6
其他投资（净值）	-5.6	-34.1	-67.1	-99.0
总余额	22.7	8.6	1.5	-2.5
官方储备资产（十亿美元，期末值）	273.1	256.9	247.7	246.6
财政部门	（占GDP的百分比，除另作说明）			
经常项目收入	14.9	15.4	15.9	16.6
总支出	13.5	14.3	16.5	17.3
基础财政盈余/赤字	1.4	1.1	-0.6	-0.7
总预算盈余/赤字	1.3	0.1	-1.0	1.3
货币金融部门				
三个月新元银行同业拆息率（期末百分比）	0.4	0.5	1.2	1.0
新加坡海峡时报指数（期末值）	3 167	3 365	2 883	2 881
私人住宅售价指数（2009年1季度设为100）	153.2	147.0	141.6	137.2
平均即期汇率（美元兑新元，区间平均值）	1.25	1.27	1.37	1.38
其他项目				
名义GDP（十亿美元）	302.5	308.1	296.8	297.0
名义GDP（十亿新元）	378.5	390.4	408.1	410.3

注：（1）根据《国际收支和国际投资头寸手册》（第6版），金融账户的符号惯例发生了变化。正号代表资产或负债的增加，以及净收支中的净流出。但是，本表格使用相反的符号，这是根据《国际收支和国际投资头寸手册》（第5版）的标准。

（2）财政部门数据依据财年计算，即从4月至下一年3月。2016年数据基于调整后的计算。

资料来源：新加坡政府、CEIC、AMRO计算。

泰国

面对国内外各种不确定因素，泰国经济继续保持增长势头。 泰国经济增长由私人消费、公共支出和净出口等共同推动。受国王普密蓬·阿杜德的逝世及对中国"零元团费游"新限制出台等因素的影响，2016年第四季度旅游业增长放缓，但之后开始回暖。与此同时，由于长期出口疲软和制造业产能过剩，私人投资仍然处于低位。干旱的缓解以及全球大量商品价格的上涨推动了农业产量增加。随着上季度出口的增长，出口导向型制造业生产略有上升。

虽然整体通胀率继续上升，但政府当前仍采取宽松的货币政策。 全球能源价格的上涨给泰国消费价格带来了上行压力。整体通胀率逐渐上升，2017年3月达到0.76%。然而，核心通胀率大幅下降，主要是因为2016年烟草消费税的增加所产生的高基数效应。与此同时，短期通胀预期稳定在2%左右。自2015年4月降息以来，政策利率一直保持在1.5%的水平。

政府采取扩张性财政政策来支持经济复苏。 2017财年[1]，政府将实施更多措施刺激私人消费并将开支提前，加速政府和国有企业的资本支出。目前，东部经济走廊发展计划与一些基础设施项目已经执行。此外，以刺激经济及提高中小企业竞争力为目标的1 900亿泰铢的额外预算将进一步提振经济增长。泰国财政赤字及公共债务水平较低，财政状况保持稳健。

由于经常项目盈余可观，国际储备充足，泰国国际收支情况稳健。 在经历了2016年第四季度的波动之后，泰国金融市场和资本流动趋于稳定，泰铢兑美元名义有效汇率上升。与此同时，庞大的经常项目盈余和充足的国际储备（超过短期外债的三倍、能够覆盖12个月的进口额[2]），将在未来美国加息后为潜在资本外流提供缓冲。

尽管信贷质量有所恶化，家庭债务水平上升且投资方越来越多追求高收益产品，但金融体系整体上保持稳健。 持续的经济复苏导致贷款质量下降，尤其是对中小企业和零售业务客户的贷款。然而，商业银行和国有专业金融机构的资本金充足，贷款损失准备充分，这使得它们可以防范不断增加的信贷风险。与此同时，由于家庭信贷增长放缓，以及汽车首贷带来的债务负担有所缓解，市场对家庭高负债的担忧有所下降。另一方面，在低利率环境下，投资者继续寻求高收益，风险偏好更高，这值得关注。

展望未来，预计2017年经济将增长3.4%，2018年经济将增长3.5%。 政府支出、基础设施投资和旅游收入将成为主要增长引擎。预计国内需求将更广泛地复苏。

---

[1] 泰国的财年为每年的10月1日至下一年的9月30日。例如，2017财年从2016年10月1日开始，至2017年9月30日结束。

[2] 截至2017年1月。

由于债务负担减轻，出口商和农户收入改善，预计家庭购买力将有所提高。

外部不利因素和国内的结构性问题将对泰国经济前景产生影响。全球贸易持续的不确定性和逐渐升温的贸易保护主义倾向，可能会阻碍泰国的出口。中美贸易局势紧张以及欧洲政治的不确定性造成的尾部风险将会对泰国的出口产生溢出效应。此外，泰铢汇率波动可能影响出口表现。国内方面，科技和工程领域人力资本短缺仍然是泰国私人部门提升在全球价值链位置的一个关键性挑战。人口老龄化不断加速，这也将在未来几十年限制私人部门劳动力供应。

泰国：主要经济指标图

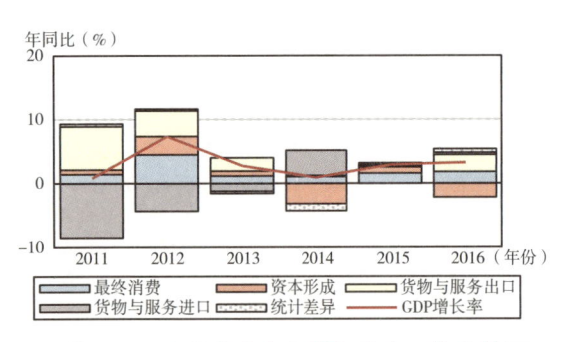

图附2.73 在公共支出和服务业出口的支持下，泰国经济逐渐恢复

资料来源：泰国中央银行、AMRO计算。

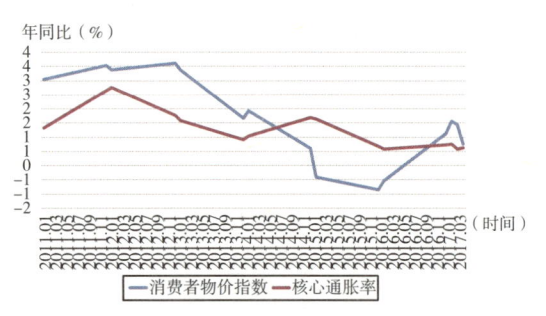

图附2.74 整体通胀率逐渐上升，而核心通胀率保持温和水平

资料来源：泰国商务部。

图附2.75 充足的财政空间留给政府实施更多财政刺激的余地

资料来源：泰国财政政策办公厅、泰国预算署、泰国公共债务管理办公厅。

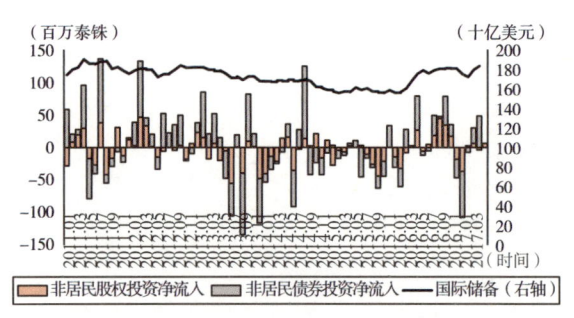

图附2.76 2017年资本流动的波动平稳，而由于国际储备数额庞大，国际收支情况十分稳健

资料来源：泰国证券交易所、泰国中央银行、AMRO计算。

图附2.77 尽管不良贷款不断增加，但是由于资本金充足，银行系统依然稳健

注：贷款增长是指除商业银行（包括泰国商业银行及外国银行分支）的银行间贷款之外的总贷款增长。不良贷款率、资产回报率以及资本充足率只包括泰国商业银行的数据。

资料来源：泰国中央银行、AMRO计算。

图附2.78 在经历了一段时期的波动，尤其是美国大选结果公布之后，泰国金融市场开始稳定

资料来源：泰国证券交易所、泰国债券市场协会。

140

泰国：主要经济指标表

表附2.13

	2013年	2014年	2015年	2016年
实体经济及价格	（年百分比变动，除另作说明）			
GDP	2.7	0.9	2.9	3.2
最终消费（占GDP的百分比）	68.6	69.6	68.7	67.8
私人部门	52.2	52.6	51.4	50.7
一般政府部门	16.4	17.0	17.3	17.1
资本形成（占GDP的百分比）	27.4	24.0	22.2	22.0
私人部门	19.7	19.5	18.3	17.8
一般政府部门	5.7	5.2	6.3	6.5
存货变动	2.1	−0.7	−2.4	−2.3
储蓄（占GDP的百分比）	26.7	28.0	30.7	33.2
平均失业率（百分比，平均值）	0.7	0.8	0.9	1.0
GDP平减指数	1.8	1.3	0.6	1.7
消费者价格指数（平均值）	2.2	1.9	−0.9	0.2
消费者价格指数（期末值）	1.7	0.6	−0.9	1.1
国际收支	（十亿美元，除另作说明）			
经常项目余额	−4.8	15.1	32.1	46.8
经常项目（占GDP的百分比）	−1.0	3.7	8.1	11.4
贸易余额	0.1	17.3	26.8	35.8
出口（离岸价格）	227.5	226.7	214.1	214.1
进口（离岸价格）	227.4	209.4	187.2	178.4
服务贸易（净值）	11.4	10.3	19.2	24.2
收入	58.8	55.5	61.8	66.4
支出	47.4	45.2	42.5	42.2
初级收入（净值）	−26.9	−21.2	−20.6	−19.9
次级收入（净值）	10.6	8.7	6.7	6.8
金融账户余额	−2.5	−16.2	−17.1	−25.7
直接投资（净值）	3.8	−0.8	4.0	−10.5
间接投资（净值）	−4.8	−12.0	−16.5	−2.9
其他投资（包括金融衍生品）（净值）	−1.5	−3.4	−4.6	−12.3
总余额	−5.0	−1.2	5.9	4.9
除净远期头寸的总国际储备	167.3	157.1	156.5	171.9
对商品与服务进口的覆盖月数	8.8	9.0	10.0	11.6
短期债务占总债务的百分比	43.6	40.2	40.0	40.2
财政	（十亿泰铢）			
收入	2 163.5	2 075.7	2 207.0	2 411.5
（占财年GDP的百分比）	16.8	15.8	16.3	17.0
支出	2 402.5	2 460.0	2 601.4	2 807.4
（占财年GDP的百分比）	18.7	18.7	19.2	19.8
预算余额	−239.0	−384.3	−394.4	−395.8
（占财年GDP的百分比）	−1.9	−2.9	−2.9	−2.8
公债（占财年GDP的百分比）	42.3	43.6	43.1	42.8
货币金融部门	（年度环比，百分比）			
国内信贷	10.0	4.2	5.5	3.5
广义货币	7.3	4.7	4.4	4.2
平均汇率（美元兑泰铢）	30.7	32.5	34.3	35.3
期末汇率（美元兑泰铢）	32.9	32.9	36.0	35.8
其他项目				
当前价格GDP（十亿美元）	420.4	406.5	399.2	406.8
当前价格GDP（十亿泰铢）	12 921	13 204	13 673	14 361

注：泰国的财年为每年的10月1日至下一年的9月30日。例如，2017财年是从2016年10月1日开始至2017年9月30日结束。

资料来源：泰国政府、AMRO计算。

越南

越南经济在2016年增长放缓，但面对负面冲击，经济总体上仍表现出韧性。2016年越南经济增长6.2%，低于2015年的6.7%增长率，这是因为2016年农业生产受到长期干旱和海水入侵加剧的不利影响，且采矿业产量缩减。不过，制造业和服务业稳步增长，支撑了整体增长。从支出方面来看，增长放缓是由净出口和最终消费所造成的。

由于农业和采矿业恢复以及制造业和服务业持续扩张，2017年经济增长有望小幅回升至6.4%左右。从支出方面来看，经济增长是由于内需增强抵消了外需疲软。

2016年越南国际收支改善，反映了贸易的好转和国外直接投资流入的增加。在此背景下，2016年国际储备总额预计将大幅增加，足以覆盖约2.4个月的商品和服务进口，高于上年同期覆盖约2个月的数值。鉴于外部不确定因素日益增加，且外汇储备仍低于警戒值（3个月进口值），越南还需进一步努力积累外汇储备缓冲。

越南盾自2016年11月连续对美元贬值后，最近略微升值。越南国家银行自2015年8月起扩大了汇率浮动幅度，而且自2016年初开始公布每日即期汇率，使得汇率灵活性增强。

鉴于经济处于温和通胀环境，货币政策依然保持适度宽松以支持经济增长。总体消费者价格指数自2016年以来有所回升（主要是由于食品和燃料价格上涨，以及政府控制物价的上涨），但是潜在的通胀压力仍然有限。经过一段时间的放缓，信贷增长率在2016年12月回升至18.2%。银行对其他经济领域的贷款，包括对房地产和其他个人消费的贷款增长放缓至22%，但仍处于相对较高的水平。出于这方面的考虑，2016年5月越南国家银行发布6号通告，收紧银行对房地产行业贷款的一系列审慎指标，自2017年1月起生效。

自2015年底以来，银行业不良贷款比率下降到3%以下，部分原因是在过去几年中，银行将不良贷款转移到了越南资产管理公司。最新数据显示，截至2016年12月，不良贷款占未偿还贷款总额的2.46%。越南资产管理公司处理不良贷款的进展一直较为缓慢，迄今为止，其只处理了收购不良资产中的不到1/5。国民议会在2016年11月签署2016~2020年经济转型计划，政府于2017年2月相应地颁布了行动计划来阐释加快结构性改革的政策措施，包括银行业改革和对不良贷款的处理，这些持续的改革进展令人鼓舞。

初步数据显示，2016年预算将实施整顿财政，但财政赤字仍相对较高，而且很

有可能保持在GDP的5%以上[1]。因此，2016年公债预计将增加到GDP的63.7%，尚低于警戒线（65%GDP）水平。2017年的预算计划中设置一个占GDP[2] 3.5%的较低水平的财政赤字，AMRO认为这是适当的控风险举措。另外，国民议会最近通过了五年财政计划和2016~2020年中期公共投资计划，这将有助于强化未来财政纪律，降低不断上升的公债带来的压力。

---

[1] AMRO估计财政赤字的方法大致与2001年政府财政统计手册上规定的方法一致（将越南财政部在预算账户和以发行政府债券筹资的预算外政府投资活动中报告的政府预算赤字加总）。根据有关当局的数据，越南财政部报告的政府预算（不包括本金偿还），占2016年GDP的3.8%。

[2] 此数据是2016年AMRO对越南进行年度磋商期间有关当局提供的，而且2015年颁布的国家预算法于2017年1月1日生效，也就是说从2017年开始，政府预算将包括以发行政府债券筹资的预算外政府投资活动，因此该数据应与AMRO根据上一条脚注中提到的方法进行估计和计算得到的结果相一致。

越南：主要经济指标图

图附2.79　GDP增长经历了连续几个季度下行，预计会在2017年上升至6.4%

注：2017年全年增长数据来自AMRO预测。

资料来源：越南国家统计局、CEIC、AMRO计算。

图附2.80　2017年1月，整体消费价格指数通胀上涨超过5%，目前已有回落，另一方面，核心通胀率仍然低于2%

资料来源：越南国家统计局、CEIC、AMRO计算。

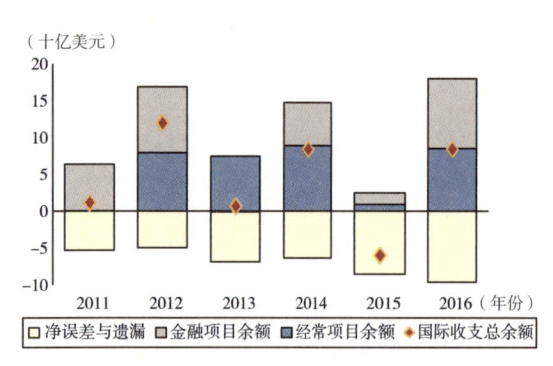

图附2.81　2016年国际收支盈余较大

资料来源：越南国家银行、国际货币基金组织、AMRO计算。

图附2.82　由于进口增长放缓，贸易盈余上升

资料来源：越南国家统计局、越南国家银行、国际货币基金组织、AMRO计算。

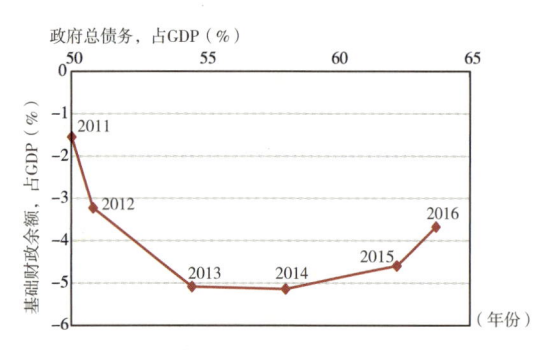

图附2.83　尽管面临财政整顿，2016年财政赤字依然相当庞大，推高了公债规模

资料来源：越南财政部、AMRO计算。

图附2.84　官方不良贷款率已经被控制在3%以下，但是越南资产管理公司解决不良贷款的进程仍非常缓慢

资料来源：越南国家银行、越南资产管理公司、CEIC、AMRO计算。

越南：主要经济指标表

表附2.14

	2013年	2014年	2015年	2016年估计
实体经济及价格	（年百分比变动）			
GDP	5.4	6.0	6.7	6.2
GDP平减指数	4.8	3.7	−0.2	1.1
消费者价格指数（平均值）	6.6	4.1	0.6	2.7
消费者价格指数（期末值）	6.0	1.8	0.6	4.7
国际收支	（十亿美元，除另作规定）			
贸易盈余	8.4	11.9	7.4	14.0
经常项目余额	7.5	8.9	0.9	8.5
占GDP的百分比	4.4	4.8	0.5	4.2
总余额	0.6	8.4	−6.0	8.4
总国际储备				
对商品与服务进口的覆盖月数	2.3	2.7	2.0	2.4
对短期债务的覆盖率	2.0	2.3	2.0	2.4
	（年百分比变动）			
出口量	15.9	12.5	12.1	11.1
出口单位价值（美元）	−0.5	−2.4	−3.8	−1.8
进口量	18.8	13.3	18.8	11.1
进口单位价值（美元）	−2.4	−1.1	−5.8	−5.3
贸易条件	−0.1	0.6	2.1	2.7
财政	（占GDP的百分比）			
收入和补贴	23.1	22.3	23.8	23.1
支出	29.9	29.2	30.4	28.9
费用	21.2	20.1	20.9	21.7
非金融资产净收购	8.7	9.1	9.5	7.2
净借/贷余额	−6.8	−6.9	−6.6	−5.8
基础净借/贷余额	−5.1	−5.1	−4.6	−3.7
货币金融部门	（年百分比变动）			
国内信贷	13.9	15.4	20.2	17.7
一般政府部门	25.1	29.6	29.9	14.5
其他	12.7	13.8	17.0	18.2
广义货币	21.4	19.7	13.6	19.8
储备货币	6.1	18.7	19.3	13.2
其他项目				
平均汇率（美元兑越南盾，区间平均值）	20 933	21 148	21 698	21 935
期末汇率（美元兑越南盾，期末值）	21 036	21 246	21 890	22 159
名义GDP（十亿美元）	171.2	186.2	193.2	205.3
名义GDP（万亿越南盾）	3 584	3 938	4 193	4 503

注：（1）2016年货币领域（除向其他部门发放而不是向政府发放的国内信贷）数据来源于AMRO估计。（2）AMRO利用越南财政部2013~2014年最终账户数据来计算政府数据，并估计2015~2016年的数据。

资料来源：越南政府、国际货币基金组织、世界银行、CEIC、AMRO计算。

参考文献

[1] ASEAN Secretariat and UNCTAD.(2016). ASEAN Investment Report.

[2] Bank of Japan.(2016, October). *Financial System Report.*

[3] Chantapacdepong, P., & Hemvanich, S.(2016, June 21). *The pattern of capital flows into Asia in the last decade.* Retrieved from Asian Development Bank Institute.

[4] Chen, C., & Liu, L.-M.(1993, March). Joint Estimation of Model Parameters and Outlier Effects in Time Series. *ResearchGate*, 88(421),284-297.

[5] Chen, Q., Gray, D. F., N'Diaye, P., P. M., Oura, H., & Tamirisa, N. T.(2010, May 01). International transmission of bank and corporate distress.*IMF Working Paper*, 10(124).

[6] Dees, S., Holly, S., Pesaran, M. H., & Smith, L. V.(2007, May). Long-Run Macroeconomic Relations in the Global Economy. *European Central Bank.*

[7] Dees, S., Mauro, F. D., Pesaran, M. H., & Smith, L. V.(2007).Exploring the International Linkages of the Euro Area: a Global VAR Analysis, Journal of Applied Econometrics. *Journal of Applied Econometrics*, 22, 1-38.

[8] Donnery, S.(2017, February 15). Banks with high non-performing loans should set ambitious targets. European Central Bank.

[9] Eickmeier, S., & Ng, T.(2015). How do US credit supply shocks propagate internationally? A GVAR approach. *European Economic Review,* 74, 128-145.

[10] Favero, C. A.(2013). Modelling and forecasting government bond spreads in the euro area: a GVAR model, Journal of Econometrics. *Journal of Econometrics*, 177(2), 343-356.

[11] Galesi, A., & Lombardi, M. J.(2009, June). External shocks and international inflation linkages: a Global VAR analysis. *ECB Working Paper Series*(1062).

[12] Galesi, A., & Sgherri, S.(2009). Regional financial spillovers across Europe: A global VAR analysis. *IMF Working Paper*, 09(23).

[13] Gauviny, L., & Rebillard, C. (2015, July). Towards Recoupling? Assessing the Global Impact of a Chinese Hard Landing through Trade and Commodity Price Channels. *Banque De France Working Paper Series* (562).

[14] Hanemann, T., Rosen, D. H., & Gao, C. (2016). *Two-way street: 25 years of US-China direct investment*. National Committee on US–China Relations and Rhodium Group.

[15] Hiebert, P., & Vansteenkiste, I. (2007, February). International trade, technological shocks and spillovers in the labour market: a GVAR analysis of the U.S. manufacturing sector. *ECB Working Paper Series* (731).

[16] IMF. (2007, April and October). *Regional Economic Outlook: Asia and Pacific*.

[17] IMF. (2009, October). *Regional Economic Outlook: Asia and Pacific*.

[18] IMF. (2016, June). *ASEAN-5 Cluster Report: Evolution of monetary policy frameworks*.

[19] IMF. (2016, October). *Regional Economic Outlook: Asia and Pacific*.

[20] Inoue, T., Kaya, D., & Ohshige, H. (2015, October). The impact of China's slowdown on the Asia Pacific region: an application of the GVAR model. *World Bank Policy Research Working Paper* (7442).

[21] Kawai, M., & Morgan, P. J. (2014, February). Regional financial regulation in Asia. *ADBI Working Paper Series* (460).

[22] Kee, H. L., & Tang, H. (2016, June). Domestic value added in exports: Theory and firm evidence from china. *American Economic Review*, 106 (6).

[23] Khor, H. E., & Kit, W. Z. (2007, November). 10 Years from the financial crisis: Managing the challenges posed by capital flows. *Monetary Authority of Singapore*.

[24] Lindgren, C.-J., Baliño, T. J., Enoch, C., Gulde, A.-M., Quintyn, M., & Teo, L. (1999). Financial Sector Crisis and Restructuring. *IMF Occasional Paper* (188).

[25] Luzzetti, M., & Bhave, A. (2017). *US border tax adjustment: Implications for inflation, the Fed and rates*. Deutsche Bank.

[26] Moody's Investor Service (2016, December 14). *Most Emerging Asia banking sectors show resilience to Moody's stress tests*. Retrieved from Moody's Investors Service.

[27] National Committee on US-China Relations, & Rhodium Group. (2015). *New neighbors: Chinese investment in the United States by Congressional District.*

[28] National Committee on US-China Relations, & Rhodium Group. (2016). *New neighbors: Chinese investment in the United States by Congressional District.*

[29] Neely, C. J. (2017, January). Chinese foreign exchange reserves, policy choices and the U.S. economy. *Federal Reserve Bank of St.Louis Working Paper Series* (2017-001A).

[30] Noland, M., Hufbauer, G. C., Robinson, S., & Moran, T. (2016). *Assessing trade agendas in the US presidential campaign.*

[31] Park, D., Ramayandi, A., & Shin, K. (2013). Why did Asian countries fare better during the Global Financial Crisis than during the Asian Financial Crisis. In C. Rhee, & A. S.Posen (Eds.), *Responding to Financial Crisis: Lessons from Asia then, the United States and Europe now.* Washington DC: Asian Development Bank and Peterson Institute For International Economics.

[32] Pesaran, M. H., Schuermann, T., & Weiner, S. M. (2004). Modeling regional interdependencies using a global error-correcting macroeconometric model. *Journal of Business & Economic Statistics*, 22, 129-162.

[33] Pham, M., & Jittapong, K. (2016, June 22). *Southeast Asia steelmakers bid to emerge from China's shadow.* Retrieved from Reuters.

[34] Pomerleau, K. and Entin, S-J., (2016), "The House GOP's Destination-Based Cash Flow Tax, Explained", Tax Foundation

[35] Smith, L. (2014). *GVAR Toolbox* 2.0. Retrieved from Global VAR Modelling:https://sites.google.com/site/gvarmodelling/gvar-toolbox.

[36] The Conference Board (November 2016). *Total Economy Database* https://www.conference-board.org/data/economydatabase/index.cfm?id=27762.

[37] United Nations Conference on Trade and Development. (2013). *World Investment Report-Global Value Chains: Investment and Trade for Development* (Chapter 4).

[38] Vansteenkiste, I. (2007, January). Regional housing market spillovers in the us: Lessons from regional divergences in a common monetary policy setting. *ECB Working*

Paper Series（708）.

[39] Wu, J. C., & Xia, F. D.（2016）. Measuring the macroeconomic impact of monetary policy at the zero lower bound. *Journal of Money, Credit and Banking*, 48, 2–3.

[40] Xing, Y.（2014, August）. Measuring value added in the People's Republic of china's exports: A direct approach. *ADBI Working Paper Series*（493）.

[41] Yu, X., Chang, H., & Liang, H.（2017）. *Impacts of trade protectionism on US and Chinese Economies*. China International Capital Corporation.

[42] Zhang, Z., & Zeng, L.（2016）. *The risk of de-globalization: A US-China trade war?* Deutsche Bank.